Je cuisine spécial étudiant pour les nuls

Édition : Typhaine Gilles
Correction : Judith Nouvion
Photographies : © Émilie Laraison
Stylisme : Émilie Laraison
Mise en page : Istria
Illustrations : Festin Studio / Maïlys Huby

ISBN : 978-2-412-06007-0
Dépôt légal : août 2020
Imprimé en France par Pollina

Éditions First
92, avenue de France
75013 Paris – France
e-mail : firstinfo@efirst.com
Site internet : www.editionsfirst.fr

Émilie Laraison

Je cuisine spécial étudiant pour les nuls

FIRST
ÉDITIONS

Remerciements

Merci à Rose-Marie et à Typhaine pour leur confiance.

Merci à Manon, Juliette, Margaux, Natacha, Malvina et Anaïs pour leur aide et leurs précieux conseils.

Sommaire

Introduction

Vous venez de partir de chez vos parents pour vous installer dans votre premier chez-vous, une nouvelle aventure commence, faite de nouvelles rencontres, de nouveaux apprentissages et d'indépendance.

Grâce à ce livre, vous allez pouvoir continuer à bien manger tout en étant loin de votre cocon familial. Que vous soyez complètement débutant ou que vous ayez une mini-cuisine sans trop d'équipement, ce livre est fait pour vous !

Vous y trouverez des recettes simples, économiques, nourrissantes et savoureuses.

Comment ce livre est-il organisé ?

Les recettes sont réparties en quatre chapitres :

Première partie

Les déjeuners en solo/à emporter : des plats à préparer pour une personne – vous – et à emmener pour la pause du midi. Ce sont des plats sains, qui calent, mais avec un bon apport en légumes, céréales et protéines. Vous pouvez tous les déguster froids, ainsi vous êtes libre de déjeuner où vous le souhaitez, et vous n'aurez pas à faire la queue pour avoir l'accès au micro-ondes. Vous pouvez également cuisiner ces recettes pour faire une grande salade à partager pour un pique-nique entre amis, par exemple. Pour cela, multipliez simplement les quantités.

Deuxième partie

Les plats en solo pour le soir : ce sont des plats simples pour une personne – toujours vous ! –, rapides et réconfortants. Vous pouvez également les préparer pour le midi si vous souhaitez un repas chaud. Vous trouverez des recettes de pâtes, de légumes, des omelettes... dont vous pouvez doubler les quantités pour avoir un plat tout prêt pour un midi ou un soir où vous n'aurez pas le temps ou l'envie de cuisiner. Et si vous souhaitez les cuisiner pour plusieurs personnes, multipliez simplement les quantités.

Troisième partie

Les apéros entre potes : ce sont des idées très gourmandes à préparer quand vous recevez vos copains à l'apéro. Si vous faites un apéro dînatoire, vous pouvez piocher plusieurs recettes dans cette partie.

Quatrième partie

Les dîners entre potes : vous y trouverez des plats généreux et conviviaux à partager avec vos amis.

Cinquième partie

Les petits déjeuners, goûters et desserts : parce que vous êtes encore un grand enfant et parce qu'une petite touche de sucré fait toujours du bien au moral. Vous trouverez également des idées de petits déj' healthy dans cette partie.

À retenir

Ayez confiance : en quelques semaines, grâce à ce livre dans lequel chaque étape de la recette est bien expliquée, vous deviendrez un chef qui sait cuisiner des repas sains et bons, qui convie ses copains à dîner et chez qui les parents s'invitent le week-end pour déguster de bons petits plats !

Quelques astuces pour bien débuter

Sandwich : vous pouvez préparer tous les ingrédients la veille et les assembler le matin pour gagner du temps.

Griller du pain : si vous n'avez pas de grille-pain, vous pouvez placer les tranches de pain sur une plaque allant au four et les enfourner pour quelques minutes en mode gril (en surveillant, le temps dépendra de votre four). Vous pouvez aussi faire chauffer une poêle à feu moyen ou vif et déposer les tranches de pain quelques minutes de chaque côté en surveillant.

Salade : détachez les feuilles de salade puis placez-les dans un saladier rempli d'eau froide, brassez l'eau avec vos mains puis égouttez (recommencez s'il y a trop de saletés dans l'eau). Essorez la salade dans une essoreuse ; si vous n'en avez pas, placez-la au centre d'un torchon propre, maintenez fermement les quatre coins et secouez.

Eau bouillante : si vous êtes pressé, vous pouvez faire bouillir de l'eau dans une bouilloire puis la versez dans la casserole et mettre votre plaque en route.

Ail : pour préparer une gousse d'ail, pelez-la, coupez-la en deux puis ôtez le germe. Placez l'ail sur une planche en bois et, avec le plat de la lame d'un gros couteau, écrasez-le. Ensuite, vous pouvez le hacher facilement et l'intégrer à vos préparations. Vous pouvez aussi remplacer l'ail frais par de l'ail en poudre.

Riz et pâtes : si vous préparez une salade et que vous êtes pressé, passez-les sous l'eau froide pour les refroidir instantanément.

Oignons : pour ne pas pleurer quand vous pelez un oignon, portez des lunettes de piscine ou un masque de plongée !

Lentilles : pas chères, riches en protéines végétales et délicieuses chaudes ou froides, les lentilles sont vos alliées. Elles sont aussi très simples à préparer : rincez-les, versez-les dans une casserole d'eau froide (non salée) et portez à ébullition, puis baissez le feu et laissez cuire 25 minutes. Assaisonnez selon vos goûts ou la recette.

Œufs : inutile de les conserver au réfrigérateur, vous pouvez les garder à température ambiante, comme dans les magasins. Très rapides à préparer, rassasiants, bons pour la santé et très économiques, on peut en outre les préparer de multiples manières (à la coque, mollet, au plat, en omelette, brouillés).

Boîte de sardines, de maquereaux et de thon : ce sont de bons produits à avoir dans votre placard, très pratiques pour un repas express, dans une salade, avec des pâtes ou un peu de pain et de beurre.

Les ustensiles indispensables pour s'installer

Il vaut mieux en avoir peu, mais de bonne qualité, et patienter pour investir petit à petit dans du bon matériel. La bonne nouvelle, c'est que vous avez finalement besoin de très peu de choses :

- 2 casseroles : 1 petite et 1 grande (assez grande pour pouvoir mettre des spaghettis !) ;
- 1 grande poêle antiadhésive ;
- 1 grand couvercle (qui ira également sur la petite casserole) ;
- 1 cuillère en bois : le bois est très important, car il ne conduit pas la chaleur ;
- 1 planche à découper en bois ;

- 1 gros couteau (dit « de chef » ☺), 1 petit couteau et 1 éplucheur pour peler les légumes. Inutile d'en avoir plus, mais il faut qu'ils soient toujours bien aiguisés ;
- 1 passoire fine (qui servira pour les pâtes, mais aussi pour les ingrédients plus petits : semoule, riz… qui passeraient à travers des passoires à gros trous) ;
- 1 balance : choisissez-la électronique, la tare automatique, c'est très pratique ;
- 1 paire de bons ciseaux ;
- 1 boîte hermétique pour transporter vos déjeuners ;
- Quelques autres boîtes ou bocaux pour conserver vos aliments ;
- Facultatif : un mixeur. Vous n'êtes pas obligé de l'acheter tout de suite, mais vous aurez certainement rapidement besoin et envie d'en avoir un ;
- Si vous avez un four : un plat à tarte, un plat à cake, un plat à gratin et une plaque de cuisson.

C'est tout !

Les éléments de base à toujours avoir dans son placard

- De l'huile : si vous avez une petite cuisine, optez pour une bouteille d'huile d'olive qui vous servira pour presque tout.
- Du vinaigre : de vin, de cidre ou balsamique selon vos goûts. Vous pouvez les tester à tour de rôle, mais inutile d'en avoir plusieurs en même temps.

Important

- Du sel et poivre : impossible de cuisiner sans eux !
- Des pâtes et du riz.
- Deux ou trois flacons de vos épices préférées.
- De la moutarde : la plus simple, qui ira avec tout.
- Du sucre en poudre : à conserver dans un bocal hermétiquement fermé.
- Un bocal de sauce tomate pour dépanner et pouvoir faire un plat de pâtes rapidement en rentrant.

Quelques astuces pour s'organiser dans une petite cuisine (étudiant oblige)

Utilisez la hauteur et privilégiez le rangement vertical : installez des étagères et rangez tout en haut ce dont vous vous servez le moins.

Vous pouvez choisir des casseroles et une poêle avec poignées amovibles pour pouvoir mieux les empiler, cela prend moins de place.

De la même manière, si vous devez acheter des verres ou des bols, choisissez-les empilables.

Faites la vaisselle régulièrement, séchez et rangez au fur et à mesure. Ne vous lancez pas dans une recette sans que la place soit optimisée.

Préférez une petite poubelle que vous viderez plus souvent, cela prendra moins de place et les mauvaises odeurs n'auront pas le temps de se répandre.

Vous pouvez placer tous les ustensiles du plan de travail dans une cagette en bois ou un bac en métal que vous déplacerez quand vous avez besoin de plus de place pour cuisiner. Pratique également pour faire le ménage !

Les aliments frais à acheter toutes les semaines

Achetez vos aliments frais en petite quantité pour la semaine, ce sera plus pratique pour conserver les produits dans un petit réfrigérateur et un petit placard.

Les fruits et les légumes frais : privilégiez toujours les légumes de saison et locaux. C'est beaucoup plus écologique, économique, et en plus ils auront plus de goût. Privilégiez les achats en petites quantités pour ne pas gaspiller des aliments qui risqueraient de s'abîmer chez vous.

Viande et poisson frais : demandez toujours conseil à votre boucher ou à votre poissonnier, ils sont les mieux placés pour vous donner des bons plans et vous expliquer la meilleure façon de cuisiner un produit selon votre équipement et votre niveau en cuisine.

Avoir une liste de courses préétablie, c'est bien, cela permet de ne pas acheter de choses inutiles. Mais il faut savoir s'adapter au moment des courses : pas la peine d'acheter un produit de la liste qui ne vous tente pas une fois sur place parce qu'il n'a pas l'air frais. De la même manière, vous achèterez peut-être un aliment auquel vous n'aviez pas pensé, mais qui vous fera envie sur le moment.

Conseils sur la conservation des aliments

Pour conserver vos plats et vos aliments, vous pouvez utiliser des bocaux en verre (inutile d'en acheter, vous pouvez récupérer ceux des compotes, de la sauce tomate...).

Pour remplacer le papier aluminium ou le film plastique, vous pouvez investir dans des emballages réutilisables en cire d'abeille.

Quand vous rentrez des courses, lavez et essorez la salade et placez-la dans une grande boîte ou un sachet plastique, ou dans l'essoreuse à salade vidée de son eau couverte d'un torchon propre pour absorber l'humidité.

La viande et le poisson cuits peuvent se conserver deux jours au réfrigérateur dans un plat hermétique (boîte ou assiette creuse recouverte d'un emballage en cire d'abeille).

Les légumes cuits peuvent se conserver cinq jours de la même manière.

Les légumes crus sont meilleurs préparés au dernier moment, ou la veille pour le lendemain midi.

Si vous préparez des salades à l'avance, laissez la sauce à part et ajoutez-la au dernier moment.

Fruits et légumes de saison, et idées pour les préparer

Hiver

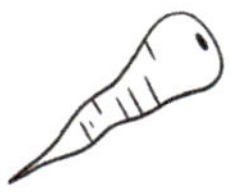

Panais : en soupe, en purée ou en poêlée de légumes avec des carottes et des pommes de terre, par exemple.

Patate douce : placez-la dans le four avec la peau pendant 30 minutes environ (enfoncez un couteau pour vérifier la cuisson, la chair doit être tendre). Coupez-la en deux, assaisonnez et régalez-vous !

Betterave : on a l'habitude de la consommer cuite en salade, mais elle est très bonne crue également, râpée avec un peu d'huile d'olive, de jus de citron et de parmesan râpé.

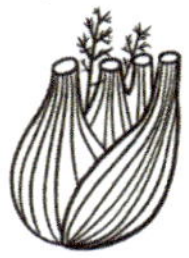

Fenouil : cru ou cuit si vous aimez les saveurs anisées.

Choux : rouge, blanc, frisé ou kale, en salade ou cuit, variez les plaisirs avec ce type de légume, qui sera l'allié de vos hivers.

Agrumes : orange, citron, pomelos, c'est le moment de faire le plein de vitamines. Choisissez de préférence des fruits qui ne viennent pas de trop loin (Corse, Italie, Espagne ou Maroc).

Kiwi : fruit super vitaminé de l'hiver, vous pouvez simplement le couper en deux et le déguster avec une petite cuillère tous les matins, comme un œuf à la coque.

Poire : ne les achetez pas en trop grosse quantité, car elles peuvent s'abîmer vite.

Pomme : pratique à transporter avec vous pour votre dessert du midi ou une pause équilibrée.

Printemps

Fraises : achetez-les en petites quantités, passez-les sous l'eau froide et consommez-les le jour même.

Rhubarbe : délicieuse en compote ou en tarte, il faut la peler, la couper en morceaux et la faire cuire avec du sucre.

Cerises : dessert facile et de saison, la poignée de cerises ! Elles sont aussi faciles à transporter dans une petite boîte.

Artichaut : choisissez un artichaut qui rentre dans votre casserole, rincez-le bien entre les feuilles et faites-le cuire une trentaine de minutes dans de l'eau bouillante salée. Laissez tiédir et dégustez avec une vinaigrette.

Asperges : blanches ou vertes, épluchez-les et faites-les cuire dans de l'eau bouillante salée une vingtaine de minutes. Dégustez-les avec un peu d'huile d'olive, du pain et du beurre pour un dîner simple, sain et bon.

Épinards : les épinards réduisent énormément, achetez deux bonnes poignées par personne, lavez-les bien et faites-les fondre dans une poêle avec un peu de beurre, du sel et du poivre.

Haricots verts : faites le plein de légumes verts, c'est la saison. Simplement cuits à l'eau avec un peu de beurre ou en salade avec une vinaigrette et un peu de feta.

Petits pois : rapides à cuire dans l'eau bouillante salée, et délicieux.

Radis : rincez-les et coupez les extrémités, voilà de quoi grignoter sainement à l'apéro.

Été

Abricot : profitez-en, c'est le seul moment de l'année où vous en trouverez.

Pêche : nature ou en soupe (cuite avec un peu d'eau, de sucre et de citron), vous allez vous régaler !

Melon : très facile à apporter à un pique-nique et à partager. Coupez le melon en deux, épépinez-le et coupez-le en tranches.

Courgette : simple et rapide, une poêlée de courgettes avec un peu d'ail, d'huile d'olive, de sel, de poivre, un peu de feta émiettée et de menthe si vous en avez (à ajouter au dernier moment).

Tomate : choisissez des tomates françaises et bien mûres. En dehors de la saison, préférez les tomates en boîte.

Poivron : un légume pratique et qui met du peps à vos plats, qu'il soit cru ou cuit.

Aubergine : pour réaliser la traditionnelle ratatouille, ou simplement coupée en deux, badigeonnée d'huile d'olive et passée au four.

Automne

Brocoli : légume santé et facile à préparer. Rincez-le et cuisez-le à la poêle ou à l'eau pas trop longtemps et assaisonnez (une idée simple : brocoli al dente, sauce soja et graines de sésame).

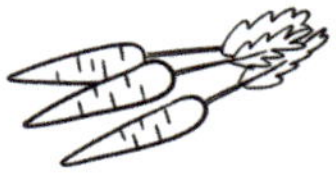

Carotte : en soupe, en salade, en purée ou sautée avec d'autres légumes, en bâtonnets pour l'apéro, il y a mille façons de la préparer.

Courges : butternut, potimarron, courge spaghetti, potiron… Le plus simple, dans une petite cuisine, est de choisir un petit potimarron. Rincez-le, coupez-le en deux, épépinez-le. Vous pouvez ensuite le faire cuire en gardant la peau pour pouvoir l'éplucher plus facilement.

Poireau : rincez un poireau, coupez-le en fines rondelles et faites-le fondre dans une poêle avec un peu de beurre, de crème, du sel et du poivre pour préparer une délicieuse fondue.

Raisins : c'est la saison, profitez-en.

Mandarine : le fruit de l'automne par excellence, plein de vitamine C, qui vous accompagnera partout dans votre sac de cours.

Partie 1

Déjeuner à emporter

Idées snacks à emporter

1. Mélange de fruits secs : noix de cajou, noisettes, cacahuètes, amandes, noix, raisins secs, baies de goji, cranberries, graines de tournesol…
2. Bâtonnets de concombre + dés de fromage (gruyère, comté, mimolette…).
3. Bâtonnets de carotte + petite sauce (crème fraîche au citron et à la ciboulette, sauce au fromage frais, pesto…).
4. Radis.
5. Un œuf dur (faites cuire l'œuf 10 minutes dans de l'eau bouillante).
6. Crackers aux graines et houmous (mixez des pois chiches avec du jus de citron, du yaourt, du cumin, du sel et du poivre).
7. Tomates cerise.

1 personne | Préparation 15 min

Pita végétarienne

1 pita

50 g de feta

1 tomate

5 olives noires

¼ de concombre

1 cuil. à café de crème fraîche épaisse

1. Lavez le concombre et la tomate, épépinez-les et coupez-les en rondelles.

2. Égouttez les olives et coupez-les également en petites rondelles.

3. Ouvrez le pain pita et faites-le réchauffer quelques secondes au micro-ondes.

4. Garnissez la pita avec la crème fraîche et ajoutez les rondelles de concombre, de tomates, la feta émiettée et les olives.

1 personne | Préparation 15 min | Cuisson 5 min

Bagel thon-avocat

1 bagel

20 g de ricotta

un peu de ciboulette

40 g de thon au naturel en boîte

1 demi-avocat

1. Égouttez le thon, émiettez-le et réservez.

2. Coupez l'avocat en deux, ôtes le noyau et coupez la chair en fines tranches.

3. Ouvrez le bagel en deux et passez-le au grille-pain.

4. Tartinez-les de ricotta, puis ajoutez la ciboulette ciselée, le thon émietté et l'avocat.

1 personne Préparation 10 min

Sandwichs tomate, mozzarella et pesto

4 tranches de pain de mie aux céréales

1 tomate

½ boule de mozzarella (ou 1 petite boule entière)

1 cuil. à soupe de pesto

quelques feuilles de basilic (ou de roquette)

1. Lavez le basilic et la tomate.
2. Faites griller les tranches de pain de mie (au grille-pain, au four pendant quelques minutes à forte température en surveillant et en retournant les tranches, ou sur une poêle sans ajout de matière grasse pendant 2 min de chaque côté). Laissez-les tiédir.
3. Tartinez les tranches de pain de pesto.
4. Coupez la mozzarella en fines tranches et disposez-les sur deux des tranches de pain.
5. Coupez la tomate en rondelles et ôtez les pépins rapidement. Disposez les rondelles de tomate sur la mozzarella.
6. Ajoutez des feuilles de basilic, puis refermez les sandwichs avec les tranches de pain restantes.

Conseil de l'auteur

Les quantités sont pour deux sandwichs : selon votre appétit ou si vous avez autre chose à manger, vous pouvez en faire un seul en divisant les quantités.

1 personne | Préparation 10 min | Cuisson 6 min

Sandwichs wraps BLT

2 tortillas de blé ou de maïs

4 tranches de bacon

1 tomate

6 feuilles de laitue

1 cuil. à soupe de mayonnaise

1. Lavez la laitue et essorez-la (dans une essoreuse à salade, une passoire ou un torchon propre). Lavez la tomate et coupez-la en rondelles et ôtez rapidement les pépins.

2. Faites dorer les tranches de bacon 3 min de chaque côté dans une poêle sans ajout de matière grasse (vous pouvez les égoutter sur du papier absorbant).

3. Étalez la mayonnaise sur les tortillas, ajoutez les feuilles de salade, les rondelles de tomate et les tranches de bacon. Roulez les tortillas bien serré.

Conseil de l'auteur

Les quantités sont pour deux wraps : selon votre appétit ou si vous avez autre chose à manger, vous pouvez en faire un seul en divisant les quantités.

1 personne Préparation 10 min

Sandwichs *green*

4 tranches de pain de mie complet

¼ de concombre

30 g de fromage frais

2 tranches d'emmental fines

1 petite poignée de roquette

1. Faites griller les tranches de pain de mie (au grille-pain, au four pendant quelques minutes à forte température en surveillant et en retournant les tranches, ou sur une poêle sans ajout de matière grasse pendant 2 min de chaque côté).

2. Lavez et essorez la roquette.

3. Pelez le concombre et coupez-le en rondelles (s'il est bio, vous pouvez le laver et laisser la peau).

4. Tartinez les tranches de pain de mie de fromage frais. Disposez le concombre, l'emmental et la roquette sur deux tranches de pain, puis refermez les sandwichs avec les tranches de pain restantes.

Conseil de l'auteur

Les quantités sont pour deux sandwichs : selon votre appétit ou si vous avez autre chose à manger, vous pouvez en faire un seul en divisant les quantités.

1 personne | Préparation 15 min | Cuisson 10 min

Club sandwich

2 tranches de pain de mie

1 cuil. à café de mayonnaise

1 oeuf

1 tomate

1 tranche de jambon blanc

quelques feuilles de salade (feuille de chêne ou laitue)

1. Faites cuire l'oeuf 10 min à l'eau bouillante. Égouttez-le, écalez-le et coupez-le en rondelles.

2. Lavez la tomate et coupez-la en rondelles ; coupez la tranche de jambon en quatre.

3. Faites dorer les tranches de pain de mie au grille-pain.

4. Tartinez une tranche de pain de mie avec de la mayonnaise et répartissez dessus quelques feuilles de salade, la tomate, l'oeuf et le jambon, puis recouvrez avec la seconde tranche de pain de mie.

Salade complète

30 g de riz complet

25 g de lentilles vertes

quelques tomates cerise

1 demi-boule de mozzarella

1 cuil. à café de pignons de pin

1 brin de ciboulette

1 cuil. à soupe d'huile d'olive

1. Faites cuire le riz et les lentilles 20 min à l'eau bouillante. Égouttez et réservez.

2. Lavez les tomates cerise et coupez-les en deux.

3. Égouttez la mozzarelle et coupez-la en petits cubes.

4. Mélangez le riz, les lentilles, les tomates, la mozzarella, les pignons de pin et la ciboulette ciselée et arrosez d'1 cuil. à soupe d'huile d'olive.

1 personne | Préparation 15 min

Salade grecque

1 tomate
½ concombre
½ oignon rouge
50 g de feta
2 tranches de pain complet
quelques olives noires
quelques feuilles de basilic (facultatif)
1 pincée d'origan
huile d'olive
sel, poivre

1. Lavez la tomate et coupez-la en huit.
2. Pelez le concombre, coupez-le en rondelles (s'il est bio, vous pouvez le laver et laisser la peau).
3. Pelez l'oignon rouge et émincez-le finement avec un gros couteau.
4. Dans un petit saladier, mettez la tomate, le concombre, l'oignon rouge, les olives, la feta émiettée, salez, poivrez, versez un filet d'huile d'olive, l'origan et mélangez. Ajoutez des feuilles de basilic si vous en avez.
5. Versez un filet d'huile d'olive sur les tranches de pain et faites-les dorer 2 min de chaque côté dans une poêle.

1 personne Préparation 10 min Cuisson 25 min

Salade de lentilles, betterave et chèvre

- 60 g de lentilles vertes
- 1 betterave
- 30 g de fromage de chèvre
- ½ pomme
- 1 poignée de mâche
- 1 tige de menthe (facultatif)
- 1 cuil. à café de vinaigre
- 1 cuil. à soupe d'huile d'olive
- sel, poivre

1. Rincez les lentilles et versez-les dans une casserole, ajoutez le double d'eau froide (ne salez pas) et portez à ébullition. Lorsque ça bout, baissez le feu et laissez cuire pendant 25 min (goûtez les lentilles, elles doivent être tendres, mais pas réduites en purée). Égouttez les lentilles dans une passoire et laissez-les refroidir.

2. Lavez la mâche et la menthe, essorez-les. Ciselez les feuilles de menthe.

3. Lavez la pomme et coupez-la en petits morceaux. Coupez la betterave et le fromage de chèvre en petits dés.

4. Dans un petit saladier, mettez les lentilles, la pomme, la betterave, le fromage de chèvre, la mâche, la menthe, l'huile et le vinaigre. Salez, poivrez et mélangez.

1 personne Préparation 10 min Cuisson 10 min

Salade de pâtes, concombre et pois chiches

80 g de pâtes

½ concombre

70 g de pois chiches en conserve

50 g de chorizo

½ boule de mozzarella

quelques gouttes de jus de citron

1 cuil. à soupe d'huile d'olive

sel, poivre

1. Versez de l'eau dans une casserole, salez et faites bouillir. Ajoutez les pâtes et faites-les cuire *al dente* en suivant les indications sur le paquet. Égouttez-les dans une passoire, ajoutez un filet d'huile d'olive pour qu'elles ne collent pas entre elles. Laissez refroidir.
2. Égouttez et rincez les pois chiches.
3. Pelez le concombre et coupez-le en petits dés (s'il est bio, vous pouvez le laver et laisser la peau).
4. Coupez le chorizo et la mozzarella en petits dés.
5. Mélangez tous les ingrédients dans un petit saladier avec l'huile d'olive et quelques gouttes de jus de citron. Poivrez.

Conseil de l'auteur

Inutile de saler, car le chorizo l'est déjà beaucoup.

Vous pouvez passer les pâtes cuites sous l'eau froide pour qu'elles refroidissent plus vite.

Les pâtes *al dente* sont meilleures au goût, mais aussi pour la santé. Elles sont meilleures pour la digestion et pour la ligne car elles permettent d'être calé plus longtemps.

1 personne | Préparation 15 min | Cuisson 10 min

Bouddha bowl

60 g de riz rond

4 grosses crevettes cuites

½ avocat

¼ de concombre

¼ de mangue

¼ de bouquet de coriandre (facultatif)

1 cuil. à café de sauce soja

1 cuil. à café de vinaigre blanc

1. Faites bouillir de l'eau dans une casserole avec une pincée de sel. Rincez le riz dans une passoire fine et versez-le dans la casserole. Baissez le feu et laissez cuire 10 min. Surveillez votre casserole, car l'eau du riz a tendance à déborder.

2. Pelez le concombre et coupez-le en rondelles (s'il est bio, vous pouvez le laver et laisser la peau).

3. Coupez l'avocat en petits dés (pour que l'autre moitié de l'avocat se conserve bien, laissez la peau et le noyau accroché, filmez et réservez au réfrigérateur).

4. Pelez la mangue et coupez-la en petits morceaux autour du noyau.

5. Lavez, séchez et hachez les feuilles de coriandre.

6. Versez le riz dans un bol (ou une *lunch box*), ajoutez les crevettes décortiquées, l'avocat, la mangue, le concombre, la coriandre, le vinaigre et la sauce soja. Mélangez.

Conseil de l'auteur

Vous pouvez ajouter des graines de sésame si vous en avez.

Grignotage sain avec le reste des ingrédients : écrasez le demi-avocat et trempez-y des bâtonnets de concombre. Gardez le reste de mangue pour le goûter, le dessert ou le petit déjeuner.

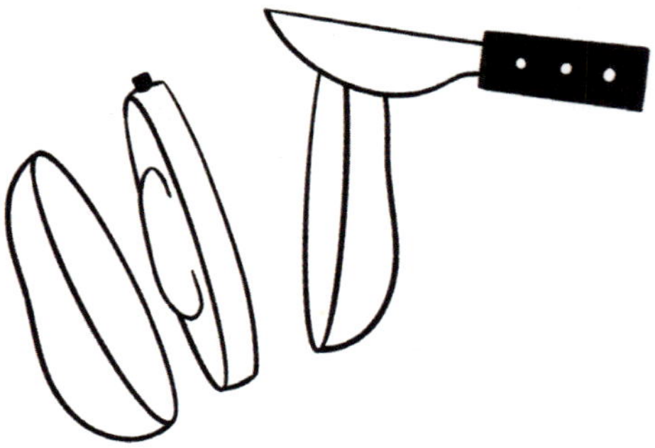

1 personne Préparation 10 min Cuisson 5 min

Salade de nouilles asiatiques

60 g de vermicelles de riz

1 carotte

4 petites feuilles de salade

quelques gouttes de jus de citron vert

1 cuil. à soupe de noix de cajou

quelques feuilles de menthe

1 cuil. à soupe de nuoc-mâm (ou de sauce soja)

1 cuil. à soupe d'huile (olive, colza ou sésame)

1. Faites bouillir de l'eau dans une casserole ou à la bouilloire. Hors du feu, versez les nouilles dans l'eau et laissez-les cuire pendant 4 min. Rincez-les à l'eau froide et égouttez-les dans une passoire.

2. Pelez et râpez la carotte si vous avez une râpe, sinon, coupez-la en fins bâtonnets avec un gros couteau.

3. Lavez la salade et essorez-la. Rincez la menthe. Coupez-les finement avec un gros couteau (ou des ciseaux).

4. Concassez les noix de cajou grossièrement avec un gros couteau.

5. Mélangez tous les ingrédients dans un petit saladier avec quelques gouttes de jus de citron vert, le nuoc-mâm et l'huile.

Conseil de l'auteur

Inutile de saler, le nuoc-mâm (ou la sauce soja), il l'est déjà.

1 personne — Préparation 15 min — Cuisson 10 min

Salade de blé

100 g de blé précuit (type Ebly®)

100 g de chou rouge

4 ou 5 abricots secs

1 cuil. à café de cacahuètes

2 tiges de menthe

1 cuil. à soupe d'huile d'olive

1 cuil. à café de vinaigre balsamique

sel, poivre

1. Versez de l'eau dans une casserole, salez et portez à ébullition. Versez le blé et faites-le cuire pendant 10 min. Égouttez-le dans une passoire et laissez-le refroidir (vous pouvez le passer sous un filet d'eau froide).

2. Rincez le chou rouge et coupez-le le plus finement possible avec un gros couteau.

3. Coupez les abricots en petits morceaux.

4. Hachez grossièrement les cacahuètes avec un gros couteau.

5. Rincez la menthe, effeuillez-la et hachez-la avec un gros couteau ou des ciseaux.

6. Mettez tous les ingrédients dans un petit saladier. Ajoutez le vinaigre, l'huile d'olive, une pincée de sel et de poivre et mélangez.

1 personne Préparation 10 min Cuisson 10 min

Salade de farfalles

80 g de farfalles

2 tranches de jambon

une dizaine de tomates cerise

1 poignée de jeunes pousses d'épinards

30 g d'emmental

1 cuil. à soupe huile d'olive

1 cuil. à café de vinaigre

sel, poivre

1. Versez de l'eau dans une casserole, salez et portez à ébullition. Versez les farfalles et faites-les cuire pendant 10 min. Égouttez-les dans une passoire et laissez-les refroidir (vous pouvez les passer sous un filet d'eau froide). Ajoutez un filet d'huile d'olive pour qu'elles ne collent pas entre elles.

2. Lavez et essorez les jeunes pousses d'épinards.

3. Rincez les tomates cerise et coupez-les en deux.

4. Coupez l'emmental et le jambon en petits dés.

5. Dans un petit saladier, mélangez l'huile d'olive et le vinaigre, salez et poivrez. Ajoutez le reste des ingrédients et mélangez.

1 personne · Préparation 10 min · Cuisson 10 min

Salade orientale au quinoa, carotte et raisins secs

80 g de quinoa

1 carotte

20 g de raisins secs

1 cuil. à café de jus de 1 citron

¼ de bouquet de coriandre

1 cuil. à soupe huile d'olive

sel, poivre

1. Versez 150 ml (ou 150 g) d'eau dans une casserole, ajoutez un peu de sel et portez à ébullition. Rincez le quinoa dans une passoire fine et versez-le dans l'eau bouillante. Baissez le feu et laissez cuire pendant 10 min. Hors du feu, couvrez et laissez reposer 10 min.

2. Pelez et râpez la carotte.

3. Lavez, séchez et hachez les feuilles de coriandre.

4. Dans un petit saladier, mélangez l'huile d'olive et le jus de citron, salez et poivrez. Ajoutez le reste des ingrédients et mélangez.

Conseil de l'auteur

Vous pouvez couper la carotte en fins bâtonnets, en rondelles très fines, la hacher avec un gros couteau, ou faire des bandes avec un épluche-légumes.

Si vous n'aimez pas la coriandre, vous pouvez la remplacer par de la menthe.

1 personne Préparation 10 min Cuisson 18 min

Salade de riz

60 g de riz complet

1 tomate

100 g de thon en boîte

1 œuf

1 petite poignée de mâche

1 cuil. à café de mayonnaise

sel, poivre

1. Faites bouillir de l'eau dans une casserole avec une pincée de sel. Rincez le riz dans une passoire fine et versez-le dans la casserole. Baissez le feu et laissez cuire pendant 10 min. Surveillez votre casserole, car l'eau du riz a tendance à déborder. Égouttez le riz et laissez-le refroidir (vous pouvez le passer sous un filet d'eau froide).

2. Dans une petite casserole, versez de l'eau et ajoutez l'œuf délicatement : portez à ébullition, puis baissez le feu et faites cuire pendant 8 min. Passez l'œuf sous l'eau froide, tapotez-le délicatement et retirez la coquille. Coupez-le en petits morceaux.

3. Rincez la tomate et coupez-la en petits morceaux.

4. Rincez la mâche et essorez-la.

5. Égouttez le thon. Émiettez-le et mettez-le dans un petit saladier avec les autres ingrédients. Salez, poivrez et mélangez.

1 personne — Préparation 5 min — Repos 10 min

Taboulé

60 g de semoule moyenne

10 tomates cerise

½ poivron

¼ de bouquet de menthe

quelques gouttes de jus de citron

1 cuil. à café d'huile d'olive

sel, poivre

1. Versez la semoule dans un petit saladier, ajoutez une pincée de sel et quelques gouttes d'huile d'olive.

2. Faites bouillir 60 ml d'eau (ou 60 g, soit la même quantité que de semoule), puis versez-la sur la semoule, couvrez (avec un couvercle ou une assiette), laissez gonfler pendant 10 min puis égrenez (mélangez) avec une fourchette.

3. Lavez les tomates cerise et coupez-les en deux.

4. Lavez le poivron, retirez les parties blanches et les pépins, puis coupez-le en petits morceaux.

5. Rincez la menthe et hachez les feuilles avec un gros couteau ou des ciseaux.

6. Mélangez la semoule et les légumes, ajoutez quelques gouttes de jus de citron, l'huile d'olive, parsemez de menthe ciselée, salez et poivrez.

1 personne Préparation 10 min Cuisson 20 min

Salade de pommes de terre aux olives

200 g de pommes de terre

6 olives noires

2 cuil. à soupe de crème fraîche liquide

1 cuil. à café de jus de 1 citron

10 brins de ciboulette

1 cuil. à café d'huile d'olive

sel, poivre

1. Pelez les pommes de terre, mettez-les dans une casserole, couvrez d'eau froide et portez à ébullition. Baissez le feu puis faites cuire pendant 20 min environ (vérifiez la cuisson en enfonçant la pointe d'un couteau dans une pomme de terre, sa chair doit être tendre).

2. Égouttez les pommes de terre dans une passoire, laissez-les tiédir et coupez-les en rondelles (vous pouvez les passer sous l'eau froide pour qu'elles refroidissent plus vite).

3. Rincez la ciboulette et hachez-la avec un gros couteau ou des ciseaux.

4. Mélangez la crème, l'huile d'olive, le jus de citron, du sel et du poivre. Ajoutez les pommes de terre, les olives, et parsemez de ciboulette ciselée.

1 personne | Préparation 15 min | Cuisson 15 min

Salade quinoa-courgette au chèvre

60 g de quinoa

1 demi-courgette

¼ de bûche de chèvre

quelques tomates confites

1 cuil. à soupe d'huile d'olive

1. Faites cuire le quinoa 10 min à l'eau bouillante salée. Égouttez et réservez.

2. Lavez et coupez la courgette en dés, puis faites-les revenir 5 min dans une poêle avec 1 cuil à soupe d'huile d'olive ; poivrez.

3. Coupez la bûche et les tomates confites en petits morceaux.

4. Mélangez tous les ingrédients.

Conseil de l'auteur

Selon les saisons, vous pouvez ajouter des tomates fraîches, des dés de patates douces revenus à la poêle comme les courgettes, et les herbes aromatiques de votre choix.

Partie 2

Dîners en solo

1 personne | Préparation 15 min | Cuisson 10 min

Omelette au fromage et aux épinards

2 œufs

50 g d'épinards

quelques herbes fraîches de votre choix (basilic, ciboulette, persil…)

20 g de fromage râpé

1 pincée de noix de muscade

huile d'olive

sel, poivre

1. Rincez et ciselez les herbes.

2. Battez les œufs, salez et poivrez. Ajoutez les herbes, le fromage et la muscade.

3. Dans une poêle, faites chauffer 2 cuil. à soupe d'huile d'olive et mettez-y les épinards ; laissez cuire 5 min.

4. Versez les œufs dans la poêle et faites cuire l'omelette 3 min, puis repliez-la en deux.

1 personne | Préparation 10 min | Cuisson 20 min

Ratatouille

1 tomate

½ aubergine (ou une petite)

½ courgette (ou une petite)

1 gousse d'ail

1 pincée d'herbes de Provence

1 cuil. à café d'huile d'olive

sel, poivre

1. Pelez la gousse d'ail et hachez-la (aplatissez-la en appuyant dessus avec un gros couteau sur une planche à découper, puis hachez-la).

2. Lavez les légumes, coupez les extrémités de la courgette et de l'aubergine, ôtez le pédoncule de la tomate.

3. Coupez les légumes en morceaux de 2 cm environ.

4. Faites chauffer l'huile dans une casserole à feu moyen, ajoutez les légumes, mélangez, salez, ajoutez les herbes de Provence. Laissez cuire 20 min avec un couvercle à feu doux en mélangeant régulièrement. Quand les légumes sont bien fondants, ajoutez l'ail haché et poivrez.

Conseil de l'auteur

Vous pouvez déguster la ratatouille avec un ou deux œufs au plat ou simplement avec une belle tranche de pain.

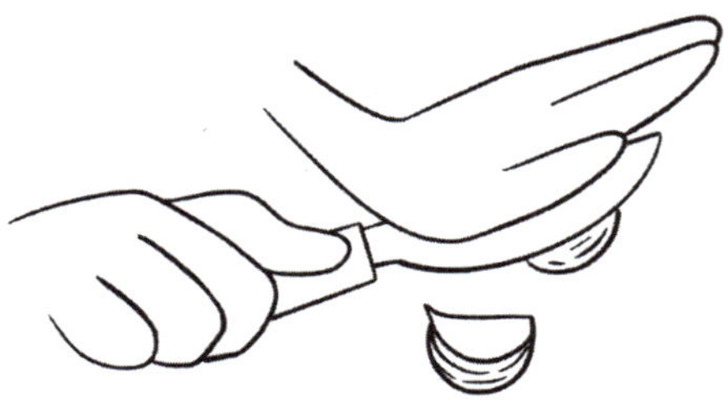

1 personne Préparation 15 min Cuisson 20 min

Omelette aux spaghettis

2 œufs

60 g de spaghettis

2 tranches de rosette

1 tomate

1 cuil. à soupe de crème fraîche

½ boule de mozzarella

1 noix de beurre

sel, poivre

1. Préchauffez le four à 200 °C (th. 6-7). Faites cuire les pâtes 10 min à l'eau bouillante salée. Égouttez et réservez.

2. Lavez les tomates et coupez-les en rondelles. Égouttez la mozzarella et coupez-la en petits morceaux.

3. Battez les œufs, mélangez-les aux spaghettis ; ajoutez la crème, les tomates, la rosette et la mozzarella, puis salez et poivrez.

4. Beurrez un plat allant au four, versez-y la préparation en enfournez pour 10 min.

Conseil de l'auteur

Si vous n'avez pas de four, faites-la cuire dans une poêle 5 min de chaque côté.

1 personne | Préparation 5 min | Cuisson 10 min

Tagliatelles à la carbonara

80 g de tagliatelles
3 tranches de pancetta
1 jaune d'œuf
50 g de parmesan
sel, poivre

1. Coupez les tranches de pancetta en lardons. Faites-les griller dans une poêle pendant 3 min de chaque côté, sans ajout de matière grasse.

2. Versez de l'eau dans une casserole, salez et portez à ébullition. Quand l'eau bout, ajoutez les tagliatelles, remuez avec une cuillère en bois, baissez le feu et laissez cuire le temps indiqué sur le paquet.

3. Dans un bol, mélangez la moitié du parmesan avec la moitié du jaune d'œuf et 2 cuil. à soupe d'eau de cuisson des pâtes.

4. Égouttez les pâtes, ajoutez le mélange parmesan-jaune d'œuf et mélangez bien. Servez avec la pancetta coupée en petits morceaux, le reste du jaune d'œuf, le reste du parmesan et poivrez.

Conseil de l'auteur

Vous pouvez remplacer la pancetta par du bacon.

1 personne Préparation 10 min Cuisson 10 min

Poulet grillé au paprika, haricots verts

1 filet de poulet
75 g de haricots verts
1 cuil. à café de paprika
huile d'olive
sel, poivre

1. Roulez le filet de poulet dans le paprika. Dans une poêle, versez une cuillerée à soupe d'huile d'olive, puis mettez le filet à cuire 8 min sur chaque face.

2. Pendant ce temps, équeutez les haricots verts et faites-les cuire 10 min à l'eau bouillante salée.

3. Servez le poulet avec les haricots verts arrosés d'un filet d'huile, avec une pincée de fleur de sel et un tour de moulin à poivre.

1 personne Préparation 5 min Cuisson 15 min

Spaghettis aux crevettes

70 g de spaghettis

40 g de crevettes décortiquées

20 g de petits pois

½ courgette

½ oignon

25 g de parmesan

sel, poivre

1. Lavez la courgette et coupez-la en petits dés.

2. Pelez et émincez l'oignon.

3. Plongez les spaghettis dans 1 litre d'eau bouillantes ; ajoutez les crevettes, les petits pois, la courgette, l'oignon et laissez cuire 10 à 12 min.

4. Égouttez le spaghettis et râpez le parmesan ; parsemez-en le plat.

1 personne Préparation 10 min Cuisson 45 min

Hachis parmentier

200 g de pommes de terre
100 g de bœuf haché
1 oignon
50 g de parmesan râpé
20 g de beurre
200 ml de lait

1. Préchauffez le four à 200 °C (th. 6-7). Lavez, pelez les pommes de terre et coupez-les en deux. Faites-les cuire dans une casserole d'eau bouillante salée.

2. Égouttez-les, écrasez-les, ajoutez une noix de beurre, le lait, salez et poivrez. Mélangez.

3. Faites revenir l'oignon émincé 3 min dans 1 cuil. à soupe d'huile d'olive ; ajoutez le bœuf et laissez cuire 3 min.

4. Huilez légèrement le fond d'un plat allant au four, alternez les couches de purée et de viande. Terminez par une couche de parmesan et enfournez pour 20 min.

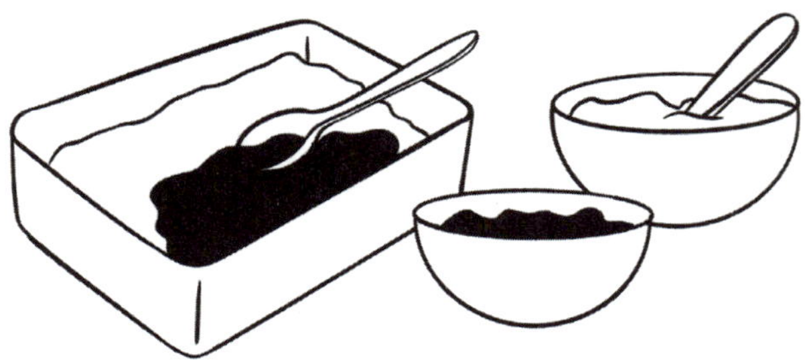

1 personne Préparation 5 min Cuisson 15 min

Penne à la dinde et aux petits pois

80 g de penne

1 escalope de dinde

100 g de petits pois (frais, surgelés ou en boîte)

1 cuil. à café de crème fraîche épaisse (ou 1 cuil. à soupe de crème liquide)

1 cuil. à café de moutarde

huile végétale

sel, poivre

1. Versez de l'eau dans une casserole, salez et portez à ébullition. Quand l'eau bout, ajoutez les penne et les petits pois (s'ils sont frais ou surgelés ; s'ils sont en boîte, ajoutez-les à la fin de la préparation). Remuez avec une cuillère en bois, baissez le feu et laissez cuire le temps indiqué sur le paquet des pâtes.

2. Faites griller l'escalope de dinde dans une poêle bien chaude avec un peu d'huile pendant 5 min de chaque côté. Baissez le feu, ajoutez la crème et la moutarde, salez et poivrez.

3. Placez la viande sur une assiette. Égouttez les pâtes et les petits pois, versez-les dans la poêle, mélangez et servez immédiatement.

1 personne Préparation 10 min Cuisson 20 min

Gratin de brocolis

2000 g de brocolis

10 cl de crème liquide

40 g de comté râpé

1 pincée de noix de muscade

1 cuil. à soupe de chapelure

sel, poivre

1. Préchauffez le four à 200 °C (th. 6-7). Lavez et détachez les fleurettes du brocoli et faites-les cuire 10 min à l'eau bouillante salée.

2. Mélangez la crème, la muscade et le fromage râpé, poivrez. Ajoutez les fleurettes.

3. Versez le tout dans un plat allant au four.

4. Saupoudrez de chapelure et enfournez pour 10 min.

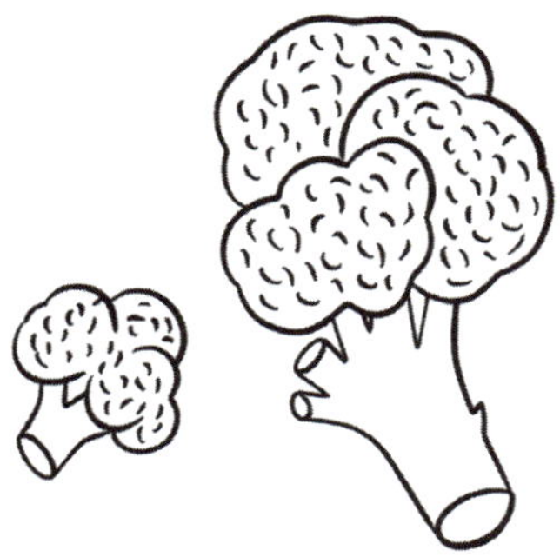

1 personne | Préparation 15 min | Cuisson 25 min

Nouilles chinoises porc-poivrons

- 50 g de nouilles chinoises
- 50 g de grillades ou d'épaule de porc
- 1 petit oignon
- 1 demi-gousse d'ail
- 1 poivron rouge ou vert
- 1 cuil. à soupe de sauce soja
- huile d'olive

1. Faites cuire les nouille chinoises à l'eau bouillante selon les indications figurant sur le paquet.

2. Pelez et émincez l'oignon et l'ail. Dans un wok, mettez un peu d'huile d'olive, puis faites-y dorer l'oignon et l'ail 5 min.

3. Lavez, épépinez et coupez les poivrons en fines lamelles ; ajoutez-les dans le wok et laissez cuire 10 min.

4. Ajoutez le porc coupé en fines lamelles, la sauce soja et les nouilles chinoises, poivrez et faites sauter 10 min.

1 personne Préparation 15 min Cuisson 25 min

Saumon en papillote

1 pavé de saumon frais
4 tomates cerise
4 champignons de Paris
1 brins d'aneth
1 citron
huile d'olive
sel, poivre

1. Préchauffez le four à 180 °C (th. 6). Déposez le pavé de saumon sur une feuille de papier sulfurisé.

2. Ajoutez les tomates cerise coupées en deux et les champignons émincés.

3. Arrosez le saumon d'huile d'olive et de jus de citron. Parsemez d'aneth ciselée.

4. Repliez le papier sulfurisé hermétiquement sur lui-même pour fermer les papillotes et enfournez pour 25 min.

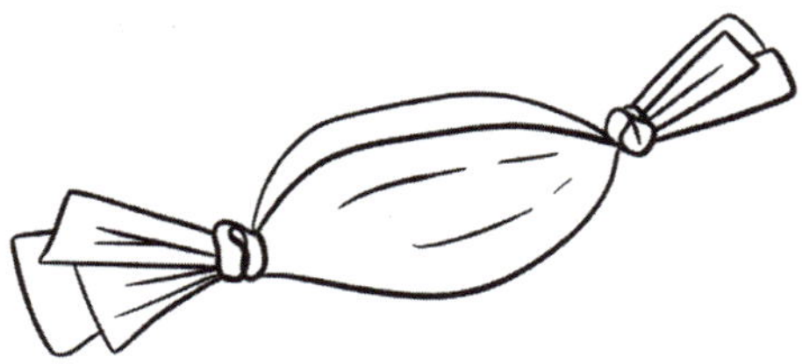

1 personne Préparation 5 min Cuisson 15 min

Spaghettis à la bolognaise

80 g de spaghettis

100 g de viande de bœuf hachée

1 petite boîte de tomates concassées

1 gousse d'ail

1 pincée d'herbes de Provence

1 cuil. à café d'huile d'olive

sel, poivre

1. Pelez la gousse d'ail et hachez-la (aplatissez-la en appuyant dessus avec un gros couteau sur une planche à découper, puis hachez-la).

2. Faites chauffer l'huile d'olive dans une poêle à feu vif. Ajoutez la viande hachée et faites-la bien dorer pendant 2 minutes. Salez, ajoutez les herbes de Provence et les tomates concassées. Laissez cuire à feu doux pendant 5 min. Ajoutez l'ail haché et poivrez.

3. Versez de l'eau dans une casserole, salez et portez à ébullition. Quand l'eau bout, ajoutez les spaghettis, remuez avec une cuillère en bois, baissez le feu et laissez cuire le temps indiqué sur le paquet. Égouttez les pâtes et servez-les avec la sauce.

Conseil de l'auteur

Vous pouvez saupoudrer les spaghettis à la bolognaise de parmesan râpé.

1 personne
Préparation 10 min
Cuisson 20 min

Poêlée de légumes

1 carotte

4-5 champignons de Paris

1 grosse poignée d'épinards frais

1 cube de bouillon de poule (ou de légumes)

1 cuil. à café d'huile d'olive

poivre

1. Pelez la carotte et coupez-la en rondelles.
2. Nettoyez les champignons et coupez-les en quatre.
3. Rincez les épinards et égouttez-les.
4. Faites chauffer l'huile d'olive dans une poêle à feu moyen, ajoutez les carottes, mélangez. Émiettez le cube de bouillon de légumes sur les carottes et ajoutez un peu d'eau (une demi-tasse à café). Couvrez et laissez cuire 10 min à feu doux.
5. Ajoutez les champignons et les épinards, puis laissez cuire 10 min supplémentaires. Poivrez et servez.

Conseil de l'auteur

Vérifiez la cuisson en goûtant une carotte, elle doit être fondante.

1 personne | Préparation 10 min | Cuisson 10 min

Galette complète

40 g de farine de sarrasin
100 ml d'eau (ou 100 g)
10 g de beurre
huile végétale
sel

Pour la garniture :

1 tranche de jambon blanc
1 œuf
30g d'emmental râpé
poivre

1. Dans un petit saladier, mélangez la farine de sarrasin avec l'eau et un peu de sel. Fouettez (au fouet ou à la fourchette) jusqu'à l'obtention d'une pâte lisse, sans grumeaux.

2. Faites chauffer un peu d'huile dans une grande poêle. Quand celle-ci est bien chaude, versez-y la pâte à galette. Faites-la cuire à feu vif pendant 3 min.

3. Décollez les bords de la galette avec une spatule ou une cuillère en bois, puis retournez-la. Glissez le beurre sous la galette, cassez un œuf au centre, ajoutez le jambon et le fromage râpé par-dessus. Quand le blanc d'œuf est cuit, poivrez et servez.

1 personne Préparation 10 min Cuisson 25 min

Gratin de riz complet aux aubergines

60 g de riz complet
1 petite aubergine
½ boule de mozzarella
1 brin de menthe
10 cl de crème liquide
20 g de parmesan râpé

1. Préchauffez le four à 180 °C (th. 6). Faites cuire le riz complet 10 min à l'eau bouillante salée. Égouttez et réservez.

2. Lavez et coupez l'aubergine en petits dés, puis faites-les revenir 5 min dans 1 cuil. à soupe d'huile d'olive ; ajoutez la crème, la menthe ciselée et le parmesan, poivrez et remuez.

3. Mélangez le riz et la préparation d'aubergine, recouvrez de mozzarella coupée en tranches, puis enfournez pour 15 min.

1 personne | Préparation 15 min | Cuisson 20 min

Pommes de terre aux sardines

250 g de pommes de terre

135 g de sardines en boîte (nature ou au citron)

½ yaourt nature

1 cuil. à soupe d'huile d'olive

1 cuil. à café de jus de citron

2 brins de ciboulette

sel, poivre

1. Pelez les pommes de terre, placez-les dans une casserole, couvrez d'eau et portez à ébullition. Baissez le feu et faites-les cuire environ 20 min (vérifiez la cuisson en enfonçant la pointe d'un couteau dans une pomme de terre, sa chair doit être tendre).

2. Rincez la ciboulette et hachez-la avec un gros couteau ou des ciseaux.

3. Mélangez le yaourt, l'huile d'olive et le jus de citron, salez et poivrez et versez la préparation sur les pommes de terre bien chaudes. Ajoutez les filets de sardine, de la ciboulette ciselée et servez.

1 personne | Préparation 10 min | Cuisson 20 min

Flan de courgette

1 courgette

1 œuf

1 cuil. à café de crème fraîche

sel, poivre

1. Lavez la courgette, coupez ses extrémités et coupez-la en fines rondelles.

2. Versez de l'eau dans une casserole, salez et portez à ébullition. Versez les rondelles de courgette dans l'eau et faites-les cuire pendant 10 min. Elles doivent être fondantes. Égouttez-les bien.

3. Dans une assiette creuse (ou un saladier), écrasez à la fourchette les rondelles de courgette pour les réduire en purée. Ajoutez l'œuf entier et la crème, salez, poivrez, et mélangez bien.

4. Versez dans un petit moule individuel, couvrez avec du film cuisson et faites cuire pendant 10 min au four à micro-ondes, puissance maximale.

Conseil de l'auteur

Vous pouvez aussi faire cuire le flan pendant 15 minutes au four à 180 °C (sans le papier cuisson !).

1 personne
Préparation 10 min
Cuisson 15 min

Mac and cheese

100 g de macaronis

50 g de cheddar râpé ou coupé en morceaux

20 cl de lait entier

1 cuil. à soupe de farine

sel, poivre

1. Versez de l'eau dans une casserole, salez et portez à ébullition. Quand l'eau bout, ajoutez les macaronis, remuez avec une cuillère en bois, baissez le feu et laissez cuire le temps indiqué sur le paquet. Égouttez.

2. Versez la farine dans la casserole, ajoutez 1 cuil. à soupe de lait et mélangez. Ajoutez le reste du lait et mélangez encore jusqu'à épaississement. Ajoutez le cheddar.

3. Faites fondre la préparation à feu doux en mélangeant avec une cuillère en bois, puis ajoutez les macaronis. Mélangez encore, poivrez et servez.

Conseil de l'auteur

Cette recette est délicieuse telle quelle. Pour une autre version, vous pouvez versez les pâtes dans un plat allant au four et faire dorer 10 minutes à 200 °C.

1 personne Préparation 10 min Cuisson 20 min

Minestrone aux tortellinis

80 g de tortellini

1 carotte

½ courgette

50 g de haricots blancs cuits

1 cube de bouillon de poule (ou de légumes)

50 cl d'eau

poivre

1. Pelez la carotte, lavez la courgette et coupez-les en petits dés.

2. Versez l'eau dans une petite casserole, ajoutez le bouillon émietté, portez à ébullition.

3. Ajoutez les dés de légumes et laissez cuire pendant 10 min.

4. Ajoutez ensuite les haricots blancs et les tortellinis le temps indiqué sur le paquet des pâtes, poivrez et servez.

1 personne | Préparation 10 min | Cuisson 20 à 25 min

Soupe de lentilles à la tomate et lait de coco

60 g de lentilles vertes
1 tomate
1 gousse d'ail
50 ml de lait de coco
1 pincée de cumin
sel, poivre

1. Rincez les lentilles, versez-les dans une petite casserole avec deux fois leur volume d'eau. Portez à ébullition.

2. Pendant ce temps, rincez la tomate, retirez le pédoncule et coupez-la en morceaux. Ajoutez la tomate dans la casserole.

3. Baissez le feu et laissez cuire pendant 20 à 25 min. Goûtez les lentilles, elles doivent être tendres. Égouttez.

4. Pelez la gousse d'ail et hachez-la (aplatissez-la en appuyant dessus avec un gros couteau sur une planche à découper, puis hachez-la). Ajoutez-la aux lentilles avec le cumin et le lait de coco. Salez, poivrez, et servez aussitôt.

1 personne — Préparation 5 min — Cuisson 15 min

One pot pasta-tomate

80 g de torti
1 tomate
parmesan râpé
quelques feuilles de basilic
1 cuil. à café d'huile d'olive
25 cl d'eau
sel, poivre

1. Rincez la tomate, ôtez le pédoncule et coupez-la en morceaux. Rincez les feuilles de basilic.

2. Dans une petite casserole, mettez les pâtes, la tomate, l'huile d'olive, un peu de sel et l'eau. Portez à ébullition, mélangez et laissez cuire à feu moyen pendant 10 min.

3. Vérifiez la cuisson des pâtes en les goûtant, si elles ne sont pas assez cuites, laissez 1 ou 2 min supplémentaires.

4. Poivrez, mélangez et servez avec du parmesan et du basilic.

1 personne   Préparation 10 min   Cuisson 15 min

Riz à la courgette et au parmesan

60 g de riz
1 courgette
1 gousse d'ail
30 g de parmesan
1 cuil. à café d'huile d'olive
sel, poivre

1. Pelez la gousse d'ail et hachez-la (aplatissez-la en appuyant dessus avec un gros couteau sur une planche à découper, puis hachez-la).

2. Faites bouillir de l'eau dans une casserole avec une pincée de sel. Rincez le riz dans une passoire fine et versez-le dans la casserole. Baissez le feu et laissez cuire pendant 10 min. Surveillez la casserole, car l'eau du riz a tendance à déborder.

3. Lavez la courgette, ôtez ses extrémités et coupez-la en fines rondelles.

4. Dans une poêle, faites chauffez l'huile d'olive et faites-y dorer les courgettes à feu vif. Mélangez avec une cuillère en bois.

5. Quand le riz est cuit, égouttez-le puis ajoutez-le dans la poêle avec les courgettes et l'ail haché. Poivrez et saupoudrez de parmesan râpé.

1 personne Préparation 5 min Cuisson 10 min

Riz aux lentilles

60 g de riz

60 g de lentilles corail

1 oignon rouge

1 yaourt

1 cuil. à café de jus de citron

3 brins de persil

1 pincée de cumin

1 cuil. à café d'huile d'olive

sel, poivre

1. Versez de l'eau dans une casserole, portez à ébullition et versez les lentilles corail et le riz. Faites-les cuire pendant 10 min en surveillant, car l'eau du riz a tendance à déborder. Égouttez.

2. Nettoyez et ciselez le persil.

3. Pelez l'oignon rouge et émincez-le avec un gros couteau.

4. Versez l'huile d'olive dans une poêle et faites dorer l'oignon à feu vif avec le cumin.

5. Ajoutez le mélange riz-lentilles, salez et poivrez.

6. Dans un petit bol, mélangez le yaourt avec le jus de citron, salez, poivrez et ajoutez le persil ciselé. Servez avec le riz aux lentilles.

Partie 3

Apéro entre potes

4 personnes | Préparation 10 min | Cuisson 20 min

Muffins au thon

2 œufs

10 cl de lait

200 g de farine

1 boîte de 400 g de thon au naturel

140 g de cornichons

1 sachet de levure chimique

sel, poivre

1. Préchauffez le four à 210 °C (th. 7). Dans un saladier, fouettez les œufs avec le lait et 2 cuil. à soupe d'huile d'olive.

2. Dans un autre saladier, mélangez la farine avec la levure, le sel et le poivre. Ajoutez le thon.

3. Coupez les cornichons en petits morceaux. Ajoutez-les à la seconde préparation. Salez, poivrez.

4. Mélangez délicatement les deux préparations. Versez dans des moules à muffins antiadhésifs et enfournez pour 20 min.

6 personnes Préparation 20 min

Houmous et bâtonnets de légumes

2 carottes

1 concombre

1 poivron

Pour le houmous :

400 g de pois chiches en bocal ou en boîte

1 gousse d'ail

1 cuil. à soupe de yaourt, de crème fraîche épaisse ou de tahini

2 cuil. à soupe de jus de citron

½ cuil. à café de cumin

3 cuil. à soupe d'huile d'olive

1 cuil. à soupe d'eau

graines de sésame (facultatif)

sel, poivre

1. Pelez la gousse d'ail et hachez-la avec un gros couteau.

2. Dans une assiette creuse, versez les pois chiches égouttés, l'huile d'olive, le jus de citron, l'eau, le yaourt, le cumin, l'ail, du sel et du poivre. Écrasez le tout avec une fourchette (résistante) jusqu'à l'obtention d'une pâte assez lisse. Il reste des morceaux, c'est normal.

3. Placez la préparation dans un bol. Ajoutez les graines de sésame et un filet d'huile d'olive. Placez au réfrigérateur le temps de préparer les légumes.

4. Pelez les carottes et le concombre.

5. Coupez la carotte en bâtonnets.

6. Coupez le concombre en deux dans le sens de la hauteur, retirez les pépins avec une petite cuillère puis coupez-le en bâtonnets.

7. Rincez le poivron. Coupez-le en deux, ôtez le pédoncule, les pépins et les parties blanches. Faites des bâtonnets.

8. Servez les légumes sur une planche avec le bol de houmous.

Conseil de l'auteur

Vous pouvez aussi servir le houmous avec des gressins ou des petits toasts de bon pain. Si vous avez un mixeur, vous pouvez évidemment vous en servir pour la préparation du houmous.

4 personnes **Préparation 10 min** **Cuisson 15 min**

Croque-monsieur à l'ananas

8 tranches de pain de mie

4 tranches d'ananas frais

4 tranches de jambon blanc

8 tranches d'emmental

30 g de beurre

50 g d'emmental râpé

1. Préchauffez le four à 200 °C (th. 6-7).

2. Tartinez de beurre les tranches de pain de mie, puis disposez-les sur une assiette, le côté beurré au-dessous.

3. Sur 4 tranches de pain, superposez une tranche de fromage, une de jambon, une d'ananas, puis à nouveau une tranche de fromage. Posez une tranche de pain par-dessus, côté beurré à l'extérieur, ajoutez un peu de fromage râpé et appuyez bien.

4. Enfournez pour 15 min.

Conseil de l'auteur

En fin de cuisson, vous pouvez ajouter ½ tranches d'ananas sur chaque croque pour la déco.

4 personnes | Préparation 10 min | Cuisson 1 min 30

Bâtonnets de mozzarella panés

170 g de mozzarella
35 g de farine
60 g de chapelure
2 œufs
35 cl d'huile de friture
4 cuil. à soupe de ketchup

1. Coupez la mozzarella en bâtonnets. Dans une poêle, faites chauffer l'huile.

2. Dans un bol, battez les œufs. Placez les ingrédients dans des petits bols individuels.

3. Trempez la mozzarella dans la farine, puis dans l'œuf et en fin dans la chapelure.

4. Quand l'huile est chaude, faites frire les bâtonnets pendant 1 min 30. Égouttez-les et déposez-les sur du papier absorbant. Servez avec du ketchup.

Conseil de l'auteur

Pour vous assurer que l'huile est chaude, trempez un bâtonnet de mozzarella dans l'huile avec une écumoire : si des bulles se forment, c'est que la température est bonne.

6 personnes Préparation 10 min

Guacamole

2 avocats

1 tomate

1 petit oignon rouge (ou ½)

½ cuil. à café de paprika rase

quelques gouttes de jus de citron vert

sel, poivre

1. Lavez la tomate, retirez le pédoncule et coupez-la en petits morceaux.

2. Pelez l'oignon et hachez-le avec un gros couteau.

3. Coupez les avocats en deux, ôtez les noyaux et décollez la chair avec une cuillère. Placez-la dans une assiette creuse. Ajoutez le paprika, salez, poivrez et versez quelques gouttes de jus de citron. Avec une fourchette, écrasez l'avocat.

4. Ajoutez les dés de tomate et l'oignon, mélangez.

5. Servez avec des tortillas chips ou des tortillas en galettes coupées en morceaux et grillées au four.

Conseil de l'auteur

Si vous ne servez pas le guacamole tout de suite, laissez un noyau d'avocat dans l'assiette, filmez-le et conservez-le au réfrigérateur jusqu'au moment de servir, cela évitera l'oxydation.

4 personnes Préparation 10 min Cuisson 30 min

Frites de patates douces et panais

1 patate douce

2 panais

1 cuil. à soupe d'herbes de Provence

1 cuil. à soupe de sauce barbecue

sel, poivre

1. Préchauffez le four à 200 °C (th. 6-7).

2. Découpez la patate douce et les panais en frites d'environ 1 cm d'épaisseur.

3. Dans un saladier, mélangez les légumes avec 2 cuil. à soupe d'huile d'olive, du sel, du poivre et les herbes de Provence.

4. Étalez les légumes découpés sur une plaque recouverte de papier sulfurisé. Enfournez pour 30 min. Servez avec de la sauce barbecue.

Conseil de l'auteur

Vous pouvez parfumer vos frites avec du curry ou du paprika à la place des herbes de Provence, et aussi réaliser cette recette avec des pommes de terre.

4 personnes Préparation 10 min Cuisson 30 min

Pain hérisson aux trois fromages

1 boule de pain de 500 g
100 g de mozzarella
100 g de parmesan
100 g d'emmental
100 g de pesto

1. Préchauffez le four à 180 °C (th. 6). Coupez la boule de pain en tranches en gardant la base, dans un sens, puis dans l'autre, afin d'obtenir des carrés.

2. Garnissez les fentes du pain avec le pesto. Coupez les fromages en tranches, et insérez-les dans les interstices.

3. Recouvrez la boule de papier d'aluminium, puis enfournez-la pour 15 min. Retirez le papier d'aluminium et enfournez à nouveau pour 15 min.

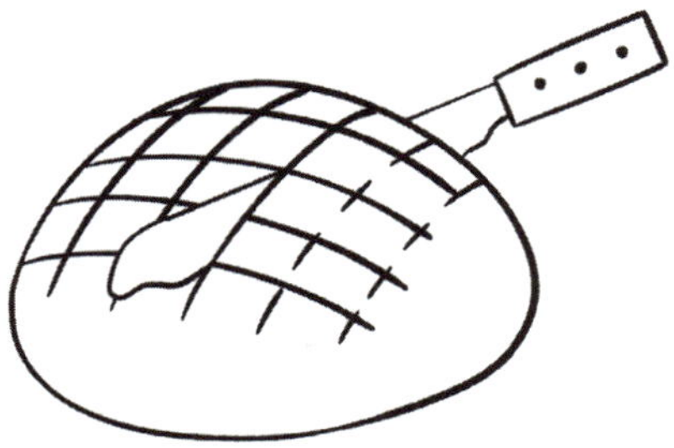

Conseil de l'auteur

Le pain hérisson, star des apéros, s'effeuille et se déguste avec les doigts.

6 personnes Préparation 10 min

Roulés au jambon

2 galettes de sarrasin (si vous souhaitez les faire vous-même, voir la recette p 82)

4 tranches de jambon blanc

50 g de fromage frais (type St Môret®)

1. Étalez délicatement la moitié du fromage frais sur une galette.

2. Ajoutez 2 tranches de jambon blanc par-dessus. Roulez la galette bien serré puis coupez-la en tronçons avec un couteau bien aiguisé.

3. Recommencez avec l'autre galette et le reste des ingrédients.

Vous pouvez réaliser la même recette avec les combinaisons suivantes :

– crème fraîche-truite fumée,

– houmous-roquette,

– tapenade-jambon cru,

– tarama-fines lamelles de concombre (réalisées avec un éplucheur).

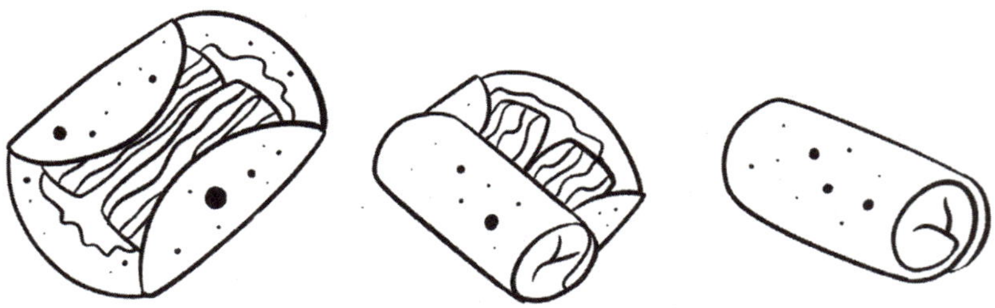

4 personnes Préparation 5 min Cuisson 10 min

Bruschetta jambon cru roquette

- 4 tranches de pain
- 4 tranches de jambon cru
- 1 boule de mozzarella
- 1 gousse d'ail
- quelques feuilles de roquettte
- 2 cuil. à soupe d'huile d'olive

1. Préchauffez le four à 210 °C (th. 7).

2. Coupez la gousse d'ail en deux et frottez-en les tranches de pain.

3. Disposez quelques tranches de mozzarella et une tranche de jambon cru sur chaque tartine. Arrosez d'huile d'olive.

4. Enfournez pour 10 min. Ajoutez les feuilles de roquette.

6 personnes Préparation 5 min

Rillettes de maquereaux

200 g de maquereaux au naturel

50 g de fromage frais (type St Môret®)

1 cuil. à café d'huile d'olive

quelques gouttes de jus de citron

quelques brins de ciboulette

poivre

1. Dans une assiette creuse, écrasez les maquereaux avec le fromage frais, l'huile d'olive, quelques gouttes de jus de citron et un peu de poivre.

2. Lavez la ciboulette et hachez-la avec des ciseaux ou un gros couteau sur une planche à découper. Ajoutez-la sur les rillettes de maquereaux.

3. Servez les rillettes avec des tranches de pain grillées et coupées en petits morceaux, des gressins, des crackers ou des légumes crus (carottes et concombre en bâtonnets, feuilles d'endive, chou-fleur...).

6 personnes Préparation 5 min Cuisson 5 min

Pop-corn maison

60 g de maïs à pop-corn

1 cuil. à café d'huile d'olive

2 cuil. à soupe de parmesan râpé

1 cuil. à café de paprika

sel

1. Dans une casserole, faites chauffer 1 cuil. à café d'huile d'olive à feu vif. Quand l'huile est bien chaude, ajoutez les grains de maïs, couvrez et laissez chauffer environ 5 minutes en remuant de temps en temps, jusqu'à ce que tous les grains explosent.

2. Hors du feu, ajoutez le parmesan râpé, le paprika et un peu de sel. Mélangez avec une cuillère et servez dans un grand bol.

Autres goûts possibles pour vos pop-corn, version salée :

– concentré de tomate-herbes de Provence,

– wasabi,

– citron vert-sauce soja sucrée,

– sel et poivre.

Et versions sucrées :

– chocolat,

– caramel,

– miel,

– sirop de fraise...

6 personnes Préparation 10 min Cuisson 10 min

Nachos à la poêle

150 g de tortillas chips

300 g de tomates (3 tomates ou 10 tomates cerises)

1 oignon rouge

200 g de cheddar râpé

1 cuil. à soupe de crème fraîche épaisse

ciboulette

1. Pelez l'oignon et émincez-le en fines lamelles avec un couteau bien aiguisé.
2. Lavez les tomates, ôtez le pédoncule, épépinez et coupez-les en dés.
3. Dans une poêle, mélangez les tortillas, le cheddar, les tomates et l'oignon. Couvrez et faites cuire 10 min à feu doux.
4. Rincez et ciselez la ciboulette avec des ciseaux ou un gros couteau.
5. Ajoutez de la crème fraîche au centre des nachos, et de la ciboulette ciselée directement dans la poêle.

Conseil de l'auteur

Si vous avez un four, vous pouvez faire cuire les nachos pendant 5 min en position grill.

6 personnes Préparation 5 min Cuisson 10 min

Tartines à la poêle au fromage à raclette

6 tranches de pain de campagne

6 tranches de fromage à raclette

6 tranches de jambon cru

huile d'olive

1. Coupez les tranches de pain de campagne en deux si elles sont grandes, de manière à pouvoir en mettre le maximum dans la poêle.

2. Sur chaque tranche de pain, disposez 1 tranche de jambon cru puis 1 tranche de fromage à raclette.

3. Versez quelques gouttes d'huile d'olive dans une poêle, faites chauffez à feu moyen et ajoutez les tartines. Couvrez et laissez cuire pendant 10 min.

Conseil de l'auteur

Servez avec des cornichons, des petits oignons ou encore de la salade verte assaisonnée pour un repas plus complet. Si vous avez un four, vous pouvez placer les tartines sur une plaque et les faire cuire pendant 10 min à 180 °C.

Partie 4

Dîners entre potes

4 personnes Préparation 15 min Cuisson 5 min

Wraps à la mexicaine

4 tortillas

1 chorizo

1 petite boîte de maïs (140 g)

10 cl de pulpe de tomates

1 oignon

2 poivrons (1 vert et 1 rouge)

1. Lavez, épépinez et découpez les poivrons en fines lamelles.

2. Pelez et émincez l'oignon et faites-le dorer 3 min dans une poêle avec un filet d'huile d'olive.

3. Découpez le chorizo en fines rondelles et égouttez le maïs.

4. Faites réchauffer les wraps 30 s au micro-ondes et ajoutez successivement la pulpe de tomates, les poivrons, l'oignon, le maïs et le chorizo.

4 personnes | Préparation 10 min | Cuisson 35 min

Quiche lorraine

1 pâte brisée
150 g de lardons
70 g d'emmental râpé
3 œufs
25 cl de crème épaisse
25 cl de lait
sel, poivre

1. Préchauffez le four à 180 °C.

2. Faites dorer les lardons dans une poêle antiadhésive sans ajout de matière grasse.

3. Battez les 3 œufs dans un saladier avec la crème, le lait, du sel et du poivre.

4. Déroulez la pâte brisée et foncez un moule à tarte. Disposez les lardons et le fromage sur le fond de pâte, puis versez l'appareil.

5. Enfournez pour 30 min.

6. Servez la quiche chaude ou froide, accompagnée d'une salade verte.

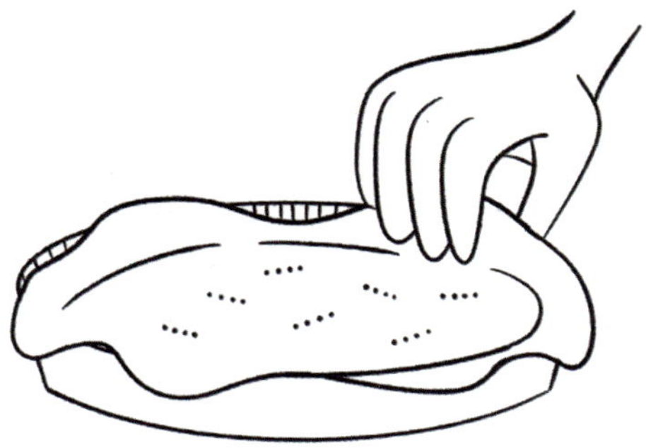

Conseil de l'auteur

Pour que les lardons soient moins gras, essuyez-les sur une feuille de papier absorbant après les avoir fait dorer à la poêle.

Vous pouvez faire la quiche la veille et la déguster froide en pique-nique ou à l'apéro le lendemain.

6 personnes Préparation 20 min Cuisson 40 min

Quiche au poulet

1 pâte feuilletée
2 blancs de poulet
4 œufs
200 g de fromage frais
200 g de tomates cerise
5 brins de ciboulette
sel, poivre

1. Préchauffez le four à 180 °C (th. 6). Étalez la pâte feuilletée dans un moule à tarte et piquez-la à la fourchette.

2. Battez les œufs, mélangez-les avec le fromage frais et la ciboulette ciselée, salez, poivrez et versez sur la pâte.

3. Coupez le poulet en petits morceaux et faites-les revenir dans une poêle avec un filet d'huile d'olive.

4. Ajoutez les tomates cerise sur la quiche et enfournez pour 40 min.

6 personnes | Préparation 15 min | Cuisson 45 min

Cake jambon-fromage

180 g de farine avec levure incorporée

250 g de jambon blanc

150 g d'emmental râpé

3 œufs

15 cl de lait

2 cuil. à soupe d'huile d'olive

1. Préchauffez le four à 180 °C (th. 6). Mélangez les œufs, le lait et l'huile d'olive.

2. Coupez le jambon en petits morceaux.

3. Mélangez le fromage et le jambon à la farine. Ajoutez la première préparation et mélangez délicatement.

4. Versez dans un moule à cake beurré et enfournez pour 45 min.

Conseil de l'auteur

Vous pouvez remplacer le jambon par du poulet et l'emmental par du comté ou du fromage de chèvre. Vous pouvez aussi ajouter 80 g d'olives ou de tomates confites.

4 personnes Préparation 15 min Cuisson 15 min

Pizza

1 pâte à pizza rectangulaire

3 tranches de jambon

2 boules de mozzarella

1 coulis de tomates (200 g)

quelques olives noires

quelques feuilles de basilic

huile d'olive

1. Préchauffez le four à 200 °C.
2. Coupez le jambon en petits morceaux.
3. Coupez la mozzarella en tranches.
4. Déroulez la pâte à pizza. Étalez la sauce tomate dessus, puis disposez le jambon et la mozzarella par-dessus.
5. Enfournez pour 15 min.
6. Ajoutez un filet d'huile d'olive, des olives noires et quelques feuilles de basilic au moment de servir.

Conseil de l'auteur

Vous pouvez remplacer le jambon par du chorizo, ou faire une version veggie, sans jambon mais avec des champignons, des rondelles de tomate, des lamelles de poivron…

Pour une pizza blanche, remplacez le coulis de tomates par un peu de crème fraîche.

4 personnes Préparation 5 min Cuisson 15 min

Hot-dog baguette

2 baguettes

4 saucisses de Francfort

150 g d'emmental râpé

1 cuil. à soupe de moutarde à l'ancienne

1 oignon

1. Préchauffez le four à 180 °C (th. 6). Faites cuire les saucisses environ 10 min à l'eau bouillante.

2. Pelez et émincez l'oignon, puis faites-le dorer 5 min dans une poêle avec 1 cuil. à soupe d'huile d'olive.

3. Pendant ce temps, coupez les baguettes en deux et ouvrez les demi-baguettes dans le sens de la longueur. Tartinez-les de moutarde à l'ancienne, ajoutez la saucisse, le fromage râpé et les oignons.

4. Enfournez pour 5 min.

Conseil de l'auteur

Vous pouvez remplacer la moutarde à l'ancienne par du ketchup. Vous pouvez aussi vous rapprocher de la recette américaine en utilisant des petits pains au lait à la place de la baguette.

4 personnes Préparation 10 min

Burger italien

4 pains à burger
1 boule de mozzarella
1 pot de pesto
2 tomates
4 tranches de jambon cru
8 feuilles de basilic

1. Ouvrez les petits pains et faites-les dorer au grille-pain.

2. Tartinez-les de pesto, puis ajoutez les tomates lavées et découpées en rondelles.

3. Coupez la boule de mozzarella en tranches et les tranches de jambon en deux, puis incorporez-les dans les burgers.

4. Ajoutez les feuilles de basilic rincées et ciselées et refermez les burgers.

4 personnes Préparation 20 min Cuisson 15 min

Pad thaï

300 g de nouilles de riz

2 filets de poulet

2 oignons nouveaux

1 citron vert

2 œufs

100 g de cacahuètes

2 cuil. à soupe de nuoc-mâm

quelques feuilles de menthe

huile d'olive

1. Dans une grande casserole, portez à ébullition un grand volume d'eau salée. Faites cuire les nouilles de riz pendant 4 min, puis égouttez et passez-les sous l'eau froide.

2. Coupez les blancs de poulet en petits morceaux.

3. Lavez et émincez les oignons nouveaux.

4. Pressez le citron.

5. Nettoyez et ciselez la menthe.

6. Hachez les cacahuètes.

7. Faites chauffer un peu d'huile d'olive dans une poêle et faites dorer les morceaux de poulet. Ajoutez les œufs battus et mélangez pour qu'ils cuisent dans la poêle.

8. Ajoutez le jus de citron, le nuoc-mâm, les oignons émincés et les nouilles de riz. Faites chauffer en mélangeant pendant 2 min, ajoutez les cacahuètes et la menthe à la fin.

6 personnes Préparation 20 min Cuisson 30 min

Pommes de terre surprise

6 grosses pommes de terre

3 tranches de salami

3 cuil. à soupe de ketchup

180 g de fromage râpé

1 oignon

3 brins de persil

1. Préchauffez le four à 180 °C (th. 6). Sans les éplucher, faites cuire les pommes de terre 20 min à l'eau bouillante salée. Égouttez-les.

2. Pendant ce temps, coupez le salami en lamelles. Pelez et émincez l'oignon.

3. Creusez les pommes de terre avec une cuillère et farcissez chacune de ketchup, de salami, d'oignon ; terminez par le fromage râpé.

4. Enfournez pour 10 min. Servez avec quelques feuilles de persil.

4 personnes Préparation 20 min Cuisson 25 min

Gratin de raclette

800 g de pommes de terre

50 cl de crème liquide

8 tranches de fromage à raclette

4 tranches de jambon fumé

1 oignon

1. Préchauffez le four à 200 °C (th. 6-7). Lavez, pelez et coupez les pommes de terre en rondelles. Faites-les cuire 10 min à l'eau bouillante avec une pincée de noix de muscade.
2. Pelez et émincez l'oignon. Dans une poêle, versez 1 cuil. à café d'huile d'olive et faites revenir l'oignon 3 min.
3. Beurrez le fond d'un plat allant au four, déposez les pommes de terre en rondelles, le jambon en lamelles, puis la crème et terminez par le fromage à raclette.
4. Enfournez pour 10 min.

4 personnes Préparation 20 min Cuisson 40 min

Tartiflette à la poêle

1 kg de pommes de terre
150 g de lardons
1 reblochon
1 oignon
50 ml de lait
sel, poivre

1. Pelez les pommes de terre, lavez-les et placez-les dans une grande casserole, couvrez d'eau, salez et portez à ébullition. Laissez cuire pendant 20 min (vérifiez la cuisson en enfonçant un couteau dans une pomme de terre, la chair doit être tendre).

2. Égouttez et laissez refroidir un peu les pommes de terre. Coupez-les en rondelles.

3. Coupez le reblochon en quatre (une fois dans la largeur et une fois dans l'épaisseur).

4. Pelez et émincez l'oignon.

5. Faites revenir les lardons à feu vif dans une grande poêle, en mélangeant avec une cuillère en bois.

6. Ajoutez l'oignon et faites-le dorer également.

7. Ajoutez les rondelles de pommes de terre, le lait et les 4 morceaux de reblochon bien repartis sur le dessus. Couvrez et laissez cuire pendant 15 min à feu moyen. Poivrez et servez.

Conseil de l'auteur

Vous pouvez servir la tartiflette avec de la salade verte pour ajouter une petite note de fraîcheur à ce plat délicieux.

4 personnes | Préparation 20 min | Cuisson 1 h

Tajine de poulet aux olives

- 4 cuisses de poulet
- 1 citron confit
- 4 oignons
- 70 g d'olives vertes
- 2 cuil. à café de ras el hanout
- 2 cuil. à soupe d'amandes effilées
- sel, poivre

1. Coupez les cuisses de poulet en deux. Émincez les oignons et découpez le citron confit en morceaux. Dans une poêle antiadhésive, faites légèrement dorer les amandes.

2. Dans une casserole, faites revenir les cuisses de poulet 3 min dans 2 cuil. à soupe d'huile d'olive.

3. Ajoutez le citron, les oignons, et le ras el hanout. Salez et poivrez. Versez 35 cl d'eau et laissez cuire 1 h à feux doux.

4. Lorsque la sauce a réduit, ajoutez les olives et parsemez d'amandes effilées.

4 personnes Préparation 20 min Cuisson 25 min

Porc à l'ananas

500 g de filet mignon de porc

450 g d'ananas en boîte

2 cuil. à soupe de sauce soja

2 gousses d'ail

1 cuil. à soupe de miel

10 brins de coriandre

sel, poivre

1. Coupez le filet mignon en morceaux. Émincez l'ail. Faites revenir le tout 5 min dans 3 cuil. à soupe d'huile d'olive.

2. Ajoutez la sauce soja et le miel. Faites caraméliser à feu doux pendant 10 min.

3. Coupez l'ananas en morceaux. Ajoutez-les dans la poêle et faites revenir 10 min à feu vif. Salez, poivrez. Servez chaud avec la coriandre ciselée.

4 personnes | Préparation 20 min | Cuisson 30 min

Chili con carne

4 steaks hachés de bœuf (ou 400 à 500 g de viande hachée)

300 g de haricots rouges en conserve

25 cl de pulpe de tomates

2 oignons

1 petite boîte de maïs (140 g)

1 cuil. à café de piment en poudre

sel, poivre

1. Dans une casserole, à feu doux, faites revenir dans 2 cuil. à soupe d'huile d'olive les oignons émincés.

2. Ajoutez les steaks hachés écrasés à la fourchette et mélangez à feu vif.

3. Versez la pulpe de tomates et le piment en poudre. Couvrez et faites cuire 15 min à feu doux.

4. Ajoutez les haricots rouges et le maïs. Poursuivez la cuisson 10 min sans couvrir. Salez, poivrez. Servez chaud.

4 personnes Préparation 15 min Cuisson 10 min

Burger maison

4 muffins anglais

4 steaks hachés

2 tomates

4 tranches de cheddar

quelques feuilles de salade

quelques cornichons

ketchup

sel, poivre

1. Lavez et séchez les feuilles de salade.
2. Coupez les cornichons en petites rondelles.
3. Préchauffez le four à 180 °C.
4. Lavez les tomates, ôtez les pédoncules et coupez-les en rondelles.
5. Coupez les muffins en deux. Sur quatre moitiés, disposez les tranches de tomate et de cheddar, puis enfournez les 8 tranches de muffin pour 5 min.
6. Faites cuire les steaks hachés dans une poêle antiadhésive à feu très vif, sans ajout de matière grasse. Salez et poivrez.
7. Disposez les steaks sur les muffins sortis du four et garnis de tomate et de cheddar. Ajoutez de la salade, des rondelles de cornichon et du ketchup. Refermez les burgers.

Conseil de l'auteur

Les muffins anglais donnent aux burgers un moelleux incomparable. Vous pouvez évidemment faire la même recette avec un pain burger classique.

Si vous n'avez pas de four, réchauffez les muffins avec le fromage et les tomates dans une grande poêle.

4 personnes | Préparation 20 min | Cuisson 35 min

Curry de légumes

3 courgettes

6 carottes

2 pommes de terre

3 échalotes

20 cl de lait de coco

1 cuil. à soupe de curry en poudre

1. Épluchez les légumes et découpez-les en morceaux.

2. Émincez les échalotes et faites-les revenir 3 min à la poêle avec le curry et 2 cuil. à soupe d'huile d'olive.

3. Ajoutez le lait de coco et les légumes ; laissez cuire 30 min.

4. Salez, poivrez. Servez chaud.

4 personnes Préparation 15 min Cuisson 30 min

Quiche à la tomate et au chorizo

1 pâte feuilletée

150 g de chorizo

4 tomates

2 œufs

100 g de fromage de chèvre frais

25 cl de lait

sel, poivre

1. Préchauffez le four à 180 °C.

2. Lavez les tomates, ôtez le pédoncule et coupez-les en rondelles.

3. Coupez le chorizo en fines rondelles.

4. Battez les œufs dans un saladier avec le lait, du sel et du poivre.

5. Déroulez la pâte feuilletée et foncez un moule à tarte. Disposez le chorizo et le fromage sur le fond de pâte, ajoutez les tomates et versez l'appareil.

6. Enfournez pour 30 min.

7. Servez la quiche chaude ou froide, accompagnée d'une salade verte.

4 personnes | Préparation 20 min | Cuisson 10 min

Tacos

8 tortillas

4 escalopes de poulet

2 avocats bien mûrs

une vingtaine de tomates cerise

1 oignon rouge

2 citrons verts

quelques brins de coriandre

1 pincée de cumin en poudre

huile d'olive

sel, poivre

1. Pelez et hachez l'oignon rouge avec un gros couteau.

2. Lavez les tomates cerises et coupez-les en deux.

3. Lavez et séchez la coriandre.

4. Pressez ½ citron. Coupez le citron et demi restant en rondelles.

5. Dans une grande poêle, faites dorer les escalopes de poulet pendant 5 min de chaque côté, salez et poivrez.

6. Avec un grand couteau, effilochez les escalopes puis repassez-les pendant 2 min dans la poêle en mélangeant avec une cuillère en bois. Ajoutez le jus de citron.

7. Coupez les avocats en deux, ôtez le noyau puis la chair, et écrasez-les à la fourchette. Salez, poivrez, ajoutez le cumin et un peu d'huile d'olive.

8. Étalez le guacamole sur les tacos, ajoutez de la viande, des tomates cerise, des rondelles d'oignon et de la coriandre. Servez avec des tranches de citron vert.

4 personnes | Préparation 20 min | Cuisson 40 min

Rougail saucisses

4 saucisses fumées

250 g de riz

4 grosses tomates (ou 6 petites)

1 gousse d'ail

1 oignon

1 cuil. à café de curcuma en poudre

1 cuil. à soupe d'huile d'olive

sel, poivre

1. Coupez les saucisses en rondelles.

2. Pelez et hachez l'oignon avec un gros couteau.

3. Lavez les tomates, ôtez les pédoncules et coupez-les en morceaux.

4. Dans une grande poêle (ou une cocotte), faites chauffer l'huile d'olive à feu moyen. Ajoutez l'oignon et faites-le fondre pendant 5 min en mélangeant avec une cuillère en bois.

5. Ajoutez les tomates, un petit verre d'eau, le curcuma, salez et poivrez, et laissez cuire pendant 15 min. Ajoutez les saucisses et laissez cuire pendant encore 10 min.

6. Pelez et hachez l'ail et ajoutez-le dans le plat.

7. Faites bouillir de l'eau dans une casserole avec 1 pincée de sel. Rincez le riz dans une passoire fine et versez-le dans la casserole. Baissez le feu et laissez cuire pendant 10 min. Surveillez votre casserole, car l'eau du riz a tendance à déborder. Égouttez et servez avec le rougail saucisses.

Partie 5

Desserts, goûters et petits déj'

4 personne Préparation 10 min Cuisson 4 min

Mug cake cœur fondant chocolat-guimauve

- 160 g de chocolat noir
- 100 g de beurre demi-sel
- 80 g de sucre
- 4 œufs
- 80 g de farine
- 40 mini-guimauves

1. Dans chaque mug, faites fondre 40 g de chocolat noir et 25 g de beurre 30 s au micro-ondes, à faible puissance.

2. Ajoutez 20 g de sucre et un œuf, puis mélangez.

3. Ajoutez 20 g de farine. Mélangez.

4. Plongez 5 guimauves dans la préparation. Faites cuire chaque mug 1 min au micro-ondes. Ajoutez le reste des guimauves en décoration.

4 personnes | Préparation 20 min | Repos 2 h

Banoffee pie facile

2 bananes

100 g de biscuits friables type Roudor®

40 g de beurre mou

1 pot de caramel au beurre salé (environ 5 cuil. à soupe)

de la chantilly en bombe

1. Émiettez les biscuits dans un saladier. Ajoutez le beurre et mélangez avec les doigts. Sur une planche ou une assiette bien plate recouverte de papier sulfurisé, tassez la pâte pour former le socle du gâteau.

2. Pelez les bananes, coupez-les en rondelles et disposez-les sur le biscuit. Ajoutez les 5 cuil. à soupe de caramel au beurre salé et placez au réfrigérateur pendant 2 h.

3. Au moment de servir, ajoutez la chantilly.

4 personnes | Préparation 10 min | Cuisson 10 min

Pain perdu à la noix de coco

- 8 tranches de pain brioché
- 25 cl de lait de coco
- 2 œufs
- 100 g de sucre en poudre
- 3 cuil. à soupe de noix de coco râpée
- 20 g de beurre salé

1. Mettez au micro-ondes le lait de coco et le sucre pendant 30 s. Versez dans une assiette creuse.
2. Battez les œufs dans une autre assiette creuse.
3. Faites fondre une noisette de beurre dans la poêle. Trempez les tranches de pain brioché dans le lait, puis dans les œufs. Faites-les dorer dans la poêle 2 min de chaque côté.
4. Saupoudrez de noix de coco râpée.

4 personnes Préparation 15 min Cuisson 30 min

Crumble aux pommes express sans four

Pour la compote :

5 pommes

50 g de sucre en poudre

50 g d'eau

Pour la pâte à crumble :

100 g de farine

100 g de beurre mou

100 g de sucre en poudre

1. Préparez la compote

2. Pelez les pommes, coupez-les en quatre et épépinez-les.

3. Coupez les quartiers en petits morceaux et placez-les dans une casserole avec l'eau et le sucre. Laissez cuire pendant 20 min à feu moyen-doux en mélangeant de temps en temps avec une cuillère en bois et en veillant à ce que les pommes n'accrochent pas dans le fond de la casserole.

4. Laissez refroidir.

5. Préparez la pâte à crumble

6. Dans un saladier, versez le sucre, la farine et le beurre coupé en petits morceaux. Mélangez bien du bout des doigts pour que le beurre s'incorpore aux autres ingrédients, jusqu'à l'obtention d'une texture sableuse.

7. Faites dorer cette pâte dans une grande poêle à feu moyen pendant 10 min en surveillant et en remuant de temps en temps avec une cuillère en bois.

8. Versez la compote dans des verrines, puis la pâte à crumble par-dessus.

6 personnes Préparation 20 min

Tartelettes express aux fruits rouges

4 tranches de quatre-quarts

1 cuil. à soupe de fromage à tartiner

10 cl de crème entière liquide

1 cuil. à soupe de sucre glace et 1 cuil. à café pour la déco

180 g de fruits rouges

1. Découpez 4 épaisses tranches de quatre-quarts.

2. Fouettez le fromage à tartiner et la crème pour obtenir une crème chantilly, puis ajoutez le sucre glace.

3. Nappez les tranches de quatre-quarts avec la crème.

4. Répartissez les fruits rouges et saupoudrez de sucre glace.

4 personnes | Préparation 10 min | Cuisson 2 min

Glace vanille brownie

125 g de fraises

1 yaourt nature

120 g de brownie

1 pot de glace à la vanille

2 cuil. à soupe d'amandes effilées

1. Faites dorer les amandes effilées dans une poêle antiadhésive sans matière grasse pendant 2 min.

2. Lavez et équeutez les fraises, coupez-les en quatre.

3. Dans des verres, disposez un peu de brownie, de la glace, des fraises et un peu de yaourt nature.

4. Faites une seconde couche de la même manière et parsemez le dessus des verrines d'amandes effilées.

Vous pouvez réaliser des verrines avec :

– spéculoos + pêche + fromage blanc sucré + morceaux de chocolat blanc

– galette bretonne + compote de pommes avec des morceaux + caramel au beurre salé et chantilly

– pain d'épices + morceaux d'ananas + fromage blanc au miel

8 personnes | Préparation 20 min | Cuisson 30 min | Réfrigération 4 h

Cheesecake au coulis de framboise

600 g de fromage à tartiner

3 œufs

175 g de sucre

50 g de beurre mou

15 petits-beurre

30 cl de coulis de framboise

1. Préchauffez le four à 160 °C (th. 5-6). Mixez les petits-beurre avec le beurre mou. Tapissez le fond d'un moule à charnière avec la préparation et placez au réfrigérateur pendant que vous préparez le reste.

2. Séparez les blancs des jaunes d'œufs. Dans un grand saladier, mélangez les jaunes et le reste des ingrédients.

3. Dans un saladier, battez les blancs en neige et mélangez-les délicatement à la préparation. Sortez le fond de pâte du réfrigérateur et versez la préparation, puis enfournez pour 30 min.

4. Placez 4 h au frais puis nappez de coulis de framboise.

4 personnes | Préparation 15 min | Cuisson 10 min

Crêpes tout chocolat

- 250 g de farine
- 5 cuil. à soupe de cacao non sucré en poudre
- 50 cl de lait
- 3 œufs
- 40 g de sucre
- 100 g de chocolat noir

1. Dans un saladier, mélangez la farine, le cacao et le sucre. Incorporez les œufs et le lait petit à petit, sans faire de grumeaux.

2. Huilez la poêle avec du papier absorbant et faites cuire les crêpes à feu moyen 3 min de chaque côté.

3. Faites fondre le chocolat au micro-ondes, à faible puissance, et nappez-en les crêpes.

4 personnes Préparation 5 min Cuisson 20 min

Riz au lait aux framboises

100 g de riz rond

125 g de framboises

1 litre de lait

5 cuil. à soupe de sucre en poudre

1. Versez le riz et le lait dans une grande casserole et portez à ébullition. Baissez le feu et laissez cuire pendant 20 min à feu moyen en surveillant.

2. Goûtez (sans vous brûler), les grains doivent être moelleux.

3. Hors du feu, ajoutez le sucre. Laissez refroidir.

4. Mettez le riz dans des verrines avec les framboises, mélangez et réservez au frais.

Conseil de l'auteur

Pour réaliser du riz au lait au caramel, utilisez seulement 3 cuil. à soupe de sucre et 1 cuil. à soupe de caramel au beurre salé par verrine. Vous pouvez faire la même recette avec du chocolat fondu, du coulis de fruits, ajouter des biscuits émiettés pour la déco et le croquant.

4 personnes Préparation 20 min Réfrigération 3 h

Cookies sans cuisson au chocolat

100 g de flocons d'avoine
25 g de chocolat noir
6 cl de lait
40 g de beurre
125 g de sucre
20 g de cacahuètes

1. Dans une casserole, faites chauffer le lait, le beurre et le sucre. Versez le tout sur les flocons d'avoine.

2. Hachez grossièrement le chocolat et les cacahuètes et ajoutez-les à la préparation refroidie.

3. Sur une plaque recouverte de papier sulfurisé, formez de petites boules un peu aplaties. Placez 3 h au réfrigérateur.

Conseil de l'auteur

Pour garder leur texture, ces cookies se conservent au réfrigérateur : sortez-les, servez-vous et replacez les autres au frais en attendant de les déguster.

4 personnes · Préparation 20 min · Repos 1 h

Salade de fruits à la menthe

1 kiwi

125 g de framboises

2 pêches

1 pomme

1 orange

Quelques feuilles de menthe

1. Pelez le kiwi et coupez-le en petits morceaux.

2. Lavez les pêches, ôtez les noyaux et coupez-les en morceaux.

3. Lavez la pomme, épépinez-la et coupez-la en fines lamelles.

4. Versez tous les morceaux de fruits dans un saladier avec les framboises. Pressez l'orange et ajoutez le jus dans le saladier.

5. Placez au moins 1 h au réfrigérateur.

6. Au moment de servir, ajoutez des feuilles de menthe préalablement lavées.

Conseil de l'auteur

Les salades de fruits sont délicieuses avec tous les fruits, mais encore plus avec des fruits de saison. Vous pouvez ajouter un peu de cannelle ou de vanille selon vos goûts et, pourquoi pas pour les plus curieux, remplacer la menthe par du basilic ou de la coriandre…

12 barres

Préparation 10 min

Réfrigération 3 h

Barres de céréales au chocolat blanc

2 cuil. à soupe de lait concentré

100 g de chocolat blanc

30 g de riz soufflé

100 g de muesli

100 g de pistaches

1. Faites fondre le chocolat blanc au micro-ondes à faible puissance.

2. Mélangez le lait concentré sucré, le chocolat blanc, les céréales. Placez une feuille de papier sulfurisé au fond d'un moule rectangulaire et tassez la préparation. Placez-la 3 h au frais.

3. Avec un bon couteau, découpez des barres dans la préparation bien froide.

Conseil de l'auteur

Vous pouvez emballer les barres individuellement dans du papier alimentaire pour les transporter avec vous.

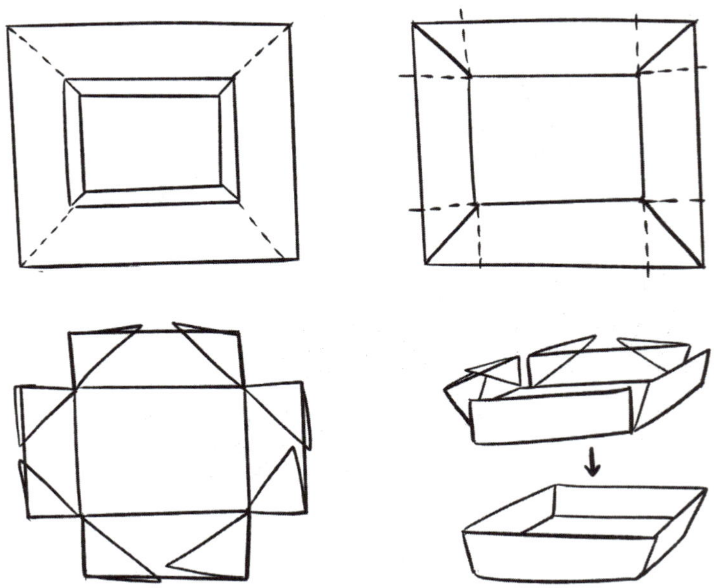

4 personnes Préparation 20 min Repos 30 min

Tiramisu à la pâte à tartiner

16 boudoirs (4 boudoirs par verre)

300 g de mascarpone

200 g de sucre

3 jaunes d'œufs

4 cuil. à soupe de pâte à tartiner

1 tasse de café froid

Cacao en poudre

1. Mélangez les jaunes d'œufs et le sucre à la fourchette.

2. Ajoutez le mascarpone et mélangez.

3. Versez le café dans une assiette creuse, et imbibez les boudoirs de café.

4. Placez la moitié des boudoirs au fond de 4 verres.

5. Ajoutez 1 cuil. à soupe de pâte à tartiner. Versez la moitié de la préparation au mascarpone par-dessus.

6. Ajoutez une seconde couche de boudoirs mouillés au café, et une seconde couche du mélange au mascarpone.

7. Parsemez un peu de cacao sur le dessus du tiramisu.

8. Réservez au réfrigérateur pendant au moins 30 min. Servez frais.

Conseil de l'auteur

Si la pâte à tartiner est trop dure, réchauffez-la un peu avant de l'utiliser.

4 personnes Préparation 15 min Cuisson 20 min

Brownies aux noix de pécan

250 g de chocolat au lait
150 g de farine
60 g de beurre
80 g de sucre en poudre
3 œufs
150 g de noix de pécan

1. Préchauffez le four à 180 °C (th. 6). Faites fondre au micro-ondes, à faible puissance, le chocolat et le beurre. Ajoutez le sucre et mélangez.

2. Battez les œufs et ajoutez-les à la préparation. Incorporez la farine petit à petit.

3. Sur une planche, concassez les noix de pécan avec un bon couteau. Incorporez-les à la préparation.

4. Versez dans un moule antiadhésif et enfournez pour 20 min.

4 personnes | Préparation 20 min | Cuisson 20 min

Trifle de pommes au caramel

4 pommes

2 cuil. à soupe de sucre en poudre

16 biscuits spéculoos

20 cl de glace à la vanille

1. Épluchez les pommes et coupez-les en morceaux.

2. Dans une poêle, versez 1 cuil. à soupe d'eau et faites fondre le sucre. Ajoutez les pommes. Laissez cuire 20 min à feu doux.

3. Répartissez dans quatre verrines les biscuits, la glace vanille, puis les pommes caramélisées et quelques miettes de spéculoos. Renouvelez l'opération. Réservez au frais jusqu'au moment de servir.

Conseil de l'auteur

Le trifle est un dessert anglais. Il peut être décliné à l'infini en mariant des fruits, de la crème, glace ou yaourt et des biscuits secs ou moelleux.

10-12 crêpes | Préparation 10 min | Repos 1 h | Cuisson 20 min

Crêpes

250 g de farine

½ litre de lait

4 œufs

50 g de beurre

2 cuil. à soupe de sucre en poudre

1 pincée de sel

huile de tournesol

1. Faites fondre le beurre dans une petite casserole ou au micro-ondes.

2. Versez la farine dans un saladier, ajoutez les œufs et mélangez. Versez le lait petit à petit et délayez.

3. Ajoutez ensuite le beurre fondu, le sucre et la pincée de sel. Fouettez à la fourchette (ou au fouet si vous en avez un) jusqu'à l'obtention d'une pâte lisse.

4. Laissez reposer pendant 1 h.

5. Huilez légèrement la poêle avec du papier absorbant et faites-la chauffer pendant 1 min à feu vif.

6. Versez une louche de pâte et répartissez-la en penchant la poêle dans tous les sens. Au bout de 1 min quand la pâte se décroche sur les bords, soulevez la crêpe avec une spatule, retournez-la puis faites-la cuire 1 min de l'autre côté.

7. Faites cuire les autres crêpes de la même manière.

20 pancakes | Préparation 10 min | Repos 30 min | Cuisson 40 min

Pancakes

250 g de farine

30 cl de lait

50 g de beurre

2 œufs

1 sachet de levure

1 cuil. à soupe de sucre en poudre

huile de tournesol

1. Faites fondre le beurre dans une petite casserole ou au micro-ondes.

2. Dans un saladier, mélangez la farine, la levure et le sucre en poudre.

3. Ajoutez le lait, les œufs et le beurre fondu. Fouettez à la fourchette (ou au fouet si vous en avez un) jusqu'à l'obtention d'une pâte lisse.

4. Laissez reposer pendant 30 min.

5. Huilez légèrement la poêle avec du papier absorbant et faites-la chauffer pendant 1 min à feu vif.

6. Versez une petite louche de pâte. Dès que des bulles apparaissent à la surface, retournez le pancake. Laissez cuire environ 1 min de chaque côté.

6 personnes | Préparation 15 min | Cuisson 10 min

Cookies à la poêle

110 g de farine

70 g de sucre en poudre

1 œuf

50 g de beurre mou

70 g de chocolat noir (ou au lait selon vos goûts)

70 g de noisettes (ou d'amandes, de noix, de noix de pécan…)

20 g de poudre de noisette (ou d'amande)

1 cuil. à café de levure

1. Mélangez le beurre et le sucre dans un saladier, battez bien.

2. Ajoutez l'œuf et mélangez vivement.

3. Ajoutez ensuite la farine, la levure et la poudre de noisette. Mélangez.

4. Coupez le chocolat et les noisettes en morceaux et ajoutez-les à la pâte.

5. Découpez deux cercles de papier sulfurisé un peu plus grands que la poêle. Posez-en un dans la poêle, étalez la préparation dessus et faites chauffer à feu moyen. Au bout de 5 minutes, faites glisser sur une planche puis posez le second papier par-dessus et remettez dans la poêle de l'autre côté pour 5 minutes.

6. Laissez refroidir dans la poêle. Découpez en morceaux.

1 personne Préparation 10 min Repos 12 h

Porridge

6 amandes entières

1 petite poignée de framboises

100 ml de lait (ou lait d'amande, de noisette, de riz)

3 cuil. à soupe de petits flocons d'avoine

1 cuil. à soupe de graines de chia (facultatif)

1 cuil. à café de purée d'amande

1 cuil. à café de sucre en poudre

1. La veille, versez les flocons d'avoine, les graines de chia et le sucre en poudre dans un bol et mélangez. Versez le lait, mélangez, couvrez et placez au réfrigérateur.

2. Le lendemain matin, ajoutez les amandes, les framboises et la purée d'amande délayée dans un peu de lait. Dégustez.

Voici une idée de petit déj' super sain et qui vous calera bien jusqu'au déjeuner. C'est un *overnight porridge*, qui gonfle tout seul pendant la nuit, sans cuisson.

Conseil de l'auteur

En hiver, servez votre porridge avec d'autres fruits (pomme, poire, raisins...).

1 personne Préparation 5 min

Smoothie rouge

100 ml de lait d'amande

½ banane

100 g de fraises

1. Lavez et équeutez les fraises.
2. Coupez la banane en petits morceaux.
3. Placez les fruits dans le mixeur. Mixez.
4. Ajoutez le lait d'amande, mixez de nouveau.

Voici d'autres combinaisons possibles pour le smoothie rouge, selon vos goûts :

– 100 g de mélange de fruits rouges + le jus de 1 orange + 1 yaourt nature + 1 cuil. à café de miel

– 100 g de framboises + 1 cuil. à café de fromage frais + 100 ml de lait + 1 cuil. à café de sucre en poudre (goût cheesecake assuré !)

1 personne Préparation 10 min

Smoothie vert

35 g de jeunes pousses d'épinards

1 grosse orange

½ banane

100 ml d'eau

1. Pressez l'orange. Pelez la banane et coupez-la en morceaux.

2. Rincez les pousses d'épinards.

3. Mixez la banane et les épinards, ajoutez le jus d'orange et l'eau petit à petit.

Voici d'autres combinaisons possibles pour le smoothie vert, selon vos goûts :

– ½ avocat + ½ concombre + 100 ml de jus de pomme

– ½ mangue + 1 kiwi + 100 g d'ananas + des feuilles de menthe

1 bocal de 350 g

Préparation 10 min

Cuisson 7 min

Granola à la poêle

40 g de noisettes entières

40 g de graines de tournesol

75 g de petits flocons d'avoine

50 g de pétales de maïs

25 g d'abricots secs

2 cuil. à soupe d'huile de tournesol

2 cuil. à soupe de miel (liquide de préférence)

50 g de chocolat noir (ou au lait selon vos préférences)

1. Faites chauffer l'huile à feu vif dans une poêle. Versez-y les noisettes et les graines de tournesol et faites-les griller pendant 2 min à feu moyen en mélangeant avec une cuillère en bois.

2. Ajoutez les flocons d'avoine, l'huile et le miel, faites dorer 5 min en mélangeant régulièrement.

3. Coupez le feu, ajoutez les abricots secs coupés en petits morceaux et les pétales de maïs. Mélangez et laissez refroidir.

4. Coupez le chocolat en petits morceaux avec un gros couteau, puis ajoutez-le au granola refroidi.

5. Conservez le granola dans un grand bocal ou une boîte hermétique.

Conseil de l'auteur

Servez avec du lait froid, du yaourt, du fromage blanc ou de la compote.

Idées de tartines sucrées

1. Pain + purée d'amande + myrtilles

2. Pain + fromage frais + un peu de sucre + fraises + amandes concassées

3. Pain + pâte à tartiner + banane + copeaux de chocolat

4. Pain + beurre de cacahuète + pomme + raisins secs + graines de sésame

5. Pain + confiture de framboises + pêche + graines de pavot

6. Pain + fromage frais + confiture d'abricots + graines de sésame + framboises

Idées de snacks sucrés

1. Galettes de riz
2. Raisins + amandes
3. Chocolat + noisettes + noix de coco
4. Dattes
5. Chips de banane
6. Rouleaux de crêpe à la pâte à tartiner et à la banane
7. Triangles de pastèque
8. Fraises trempées dans du chocolat blanc
9. Pop-corn + banane + noix de cajou + cranberries

Index par ingrédient

Index des recettes

S

T

W

Index thématique

Snacks salés

Snacks sucrés

Viandes